DAVID SPANGLER

DER GEIST DER SYNTHESE

Gespräche mit John

Teil I
LICHT AUF DEN WEG IN DIE 90er JAHRE

Teil II
ZUSAMMENARBEIT MIT DEM GEIST

Greuth Hof

Titel der amerikanischen Originalausgabe
Teil I: Conversations with John
Copyright 1980 Lorian Association, USA
Teil II: Cooperation with Spirit
Further Conversations with John
Copyright 1982 Lorian Association, USA

Der Geist der Synthese
– Gespräche mit John –
Teil I: Licht auf den Weg in die 90er Jahre
Teil II: Zusammenarbeit mit dem Geist
Copyright der deutschsprachigen Ausgabe 1985
Greuth Hof Verlag
Heinz Bilger
Kimratshofen

Übersetzt von Gerhard Rudolf, R. F. und Anna-Christine Rassmann
Zeichnungen: Christine Egli
Umschlaggemälde: „Gemeinschaft des Geistes", Heita Copony

1. Auflage 1985
ISBN 3-923662-03-3
Druck und Bindung: Kösel, Kempten
Printed in Germany

Einzelexemplare des Buches können vom Greuth Hof Verlag bezogen werden durch
Einzahlung von DM 19,30 (enthält DM 1,50 Porto und Verpackung) auf das Postgiro-
konto Frankfurt 382265-602 (BLZ 500 100 60) mit dem Vermerk: „Bestellung ... Expl.
Geist der Synthese" auf dem Empfängerabschnitt oder durch Einsendung eines
Verrechnungsschecks.

Greuth Hof Verlag
D-8966 Kimratshofen

Auf Anforderung versenden wir auch gerne unseren Verlagsprospekt mit den neuesten
Büchern.

Das vorliegende Buch wurde auf Grund seiner Bedeutung in weltpolitischer, planetarischer und kosmologischer Sicht den Regierungen der folgenden Länder 1985 kostenlos zur Verfügung gestellt:

Bundesrepublik Deutschland
Deutsche Demokratische Republik
Österreich
Schweiz
Frankreich
Großbritannien
Union der Sozialistischen Sowjetrepubliken
Vereinigte Staaten von Amerika
Volksrepublik China
Japan
Indien
Vereinte Nationen

Weiteren Staaten, insbesondere denen der sogenannten Dritten Welt, wird auf Anforderung gerne ebenfalls ein Exemplar zugesandt.

Unsere Welt ist
die Welt, die wir wählen –
GLOBAL DENKEN – LOKAL HANDELN

Die Herausgeber

Über den Autor

David Marshall Spangler wurde im Januar 1945 in Ohio (USA) geboren. Im Alter von sechs Jahren zog er mit seinen Eltern nach Marokko, wo sein Vater für die folgenden sechs Jahre für die Regierung der Vereinigten Staaten tätig war. Während dieser Zeit hatte David eine Reihe mystischer Erlebnisse, die sein Bewußtsein für die transzendenten Bereiche des Lebens öffneten und ihm eine lebenslange Verbindung mit den geistigen Welten schufen.

Während er im College für seinen Abschluß in Biochemie und Genetik studierte, begann David 1964 informell vor metaphysischen und kirchlichen Vereinigungen über seine mystischen Erfahrungen und Wahrnehmungen zu sprechen. Ein Jahr später schloß er sich – einer inneren Führung folgend – einer Freundin der Familie und Ratgeberin in Beziehungsangelegenheiten, Mrs. Myrtle Glines, in Kalifornien an. Gemeinsam bauten sie dort einen Vorlesungs- und erzieherischen Beratungsdienst auf, der sich die Integration von Geist und Persönlichkeit zum Ziele gesetzt hatte.

1970 gingen David und Myrtle nach Schottland, wo sie der FIND-HORN-Gemeinschaft beitraten. Während der nächsten drei Jahre waren sie an der Leitung von Findhorn beteiligt, wobei ihr besonderes Arbeitsgebiet die Entwicklung und Organisation der auf Erziehung und darstellende Künste gerichteten Aspekte der Gemeinschaft war. 1973 kehrten David und Myrtle dann zusammen mit einigen anderen, mit denen sie in Findhorn bekanntgeworden waren und zusammengearbeitet hatten, nach den Vereinigten Staaten zurück und gründeten dort die LORIAN Association, eine gemeinnützige, erzieherisch tätige Organisation, die auf die Entstehung einer ganzheitlichen planetarischen Kultur und auf eine ausgewogene Integration von Persönlichkeit und Geist ausgerichtet ist.

Seit seiner Rückkehr aus Findhorn hat David viele Vorträge gehalten, arbeitet als Fachberater und schreibt über geistige und soziale Themen und Zukunftsperspektiven. Von seinen Büchern (Revelation: The Birth of a New Age; Towards a Planetary Vision; Relationship and Identity; The Laws of Manifestation; Reflections on the Christ; The Rebirth of the Sacred (Emergence); u. a.) ist bisher in deutscher Sprache „New Age – Die Geburt eines neuen Zeitalters" im Greuth Hof Verlag erschienen.

Inhalt

Teil I

LICHT AUF DEN WEG IN DIE 90er JAHRE

Teil II

ZUSAMMENARBEIT MIT DEM GEIST

Teil I

LICHT AUF DEN WEG IN DIE 90er JAHRE

Gespräche mit John

„Eine geistige Perspektive, die eine Einsicht gewährt in internationale Angelegenheiten, in die wirtschaftliche Situation und in die soziale und geistige Transformation, die unsere Welt zur Zeit durchläuft."

EINFÜHRUNG

Den Lesern, die mein Buch „New Age – die Geburt eines Neuen Zeitalters" kennen, werde ich John nicht vorzustellen brauchen; für diejenigen jedoch, die nicht damit vertraut sind, mögen ein paar Worte zur Erklärung des folgenden Materials hilfreich sein.

John ist ein Freund und Mitarbeiter, der in einer nicht-physischen Dimension des Lebens wohnt. Er ist ein Geistwesen. Als er 1965 zum ersten Mal mit meiner Partnerin, Myrtle Glines, und mir in Verbindung trat, sagte er, wir könnten ihn John nennen; denn obwohl dies nicht sein wirklicher Name sei, sei er für unsere Zwecke doch so gut wie jeder andere. Sein wahrer Name ist die Schwingung und Qualität seines Wesens, die ich als Lied der Liebe, der Verheißung, der Freude und des Vertrauens in die Gegenwart Gottes, des Geliebten, erfahre.

Seit jenem ersten Kontakt hat John mit uns zusammengearbeitet, wie ein jeder Freund es tun würde; einerseits half er uns, wenn es angebracht war, mit Rat, Perspektiven und Vorschlägen, andererseits war er uns ein Spiegel, der von seiner Seinsebene aus Beobachtungen gegenüber reflektierte, was wir auf der unseren taten. Im Gegensatz zu bestimmten gängigen Vorstellungen über „geistige Führer" hat John jedoch stets darauf bestanden, daß die Verantwortung und Autorität für unsere Entscheidungen bei uns liege. Wie jeder Freund ermutigt er uns, unsere eigenen Kräfte der Intuition und des Verstandes zu entwickeln und zu gebrauchen – zu forschen, in Frage zu stellen und jedwede Abhängigkeit von ihm oder irgendjemandem gleich ihm zu vermeiden. Sich selbst bezeichnet er als einen Jünger des Christusprinzips, als Mitarbeiter an der Entstehung einer neuen Kultur und als einen Diener des Göttlichen in jedem Menschen.

Die Verbindung mit ihm geschieht durch ein Verschmelzen unserer Gedanken und Sichtweisen. Um dies zu erreichen, muß ich in einen Zustand der Meditation eintreten und mich auf mein eigenes höheres

Selbst, den Geist in meinem Inneren, ausrichten; denn dies ist die Ebene, mit der John am wirksamsten kommunizieren kann. Was er sagt, muß ich jedoch in angemessene Worte übersetzen, was die Übermittlung auf mein Vokabular beschränkt und – manchmal – auf meinen geistigen Zustand und mein Eingestimmtsein in diesem Moment. Aus diesem Grund stammt jede eventuell entstehende Unklarheit von meiner Seite der Verbindung.

Jeden Januar „besucht" uns John, um uns eine Reihe von Bildern für das neue Jahr zu übermitteln, die uns helfen können, einige der Energien und Qualitäten klarer zu fassen, mit denen wir sowohl persönlich als auch kollektiv zu tun haben werden. Selten sagt er bestimmte Ereignisse voraus, obgleich er dies mit beträchtlicher Genauigkeit zu vermag, falls es einen Grund dazu gibt. Er ist nicht daran interessiert, irgendwelche Neugier bezüglich der geistigen Welten für die kommende Zeit, wie er sie wahrnimmt, darzustellen, so daß wir uns bewußt auf sie ausrichten und schöpferisch an ihrer Verwirklichung mitarbeiten können. Sein Interesse ist es vielmehr, die Absichten der geistigen Welten für die kommende Zeit, wie er sie wahrnimmt, darzustellen, so daß wir uns bewußt auf sie ausrichten und schöpferisch an ihrer Verwirklichung mitarbeiten können. Er möchte uns helfen, für den Geist und füreinander eine bessere Hilfe zu sein.

Dieses Jahr (1980; Anm. d. Hrsg.) hat John uns eine Reihe von Einsichten übermittelt, die das kommende Jahrzehnt betreffen: eine Zeit, die viele von uns als sehr kritisch ansehen. Um Gedankenbilder anzubieten, die uns im Umgang mit den Wandlungsprozessen helfen können, die wir alle durchschreiten, hielt ich es für wichtig, das Wesentliche aus seinen Übermittlungen zu veröffentlichen. Seine Vision ist eine Aufforderung zur Kreativität, ein Aufruf an das, was geistig am stärksten und am klarsten in uns ist. Es ist ein Aufruf an uns, diesen Geist einander, der Natur, unserer Welt und uns selbst darzubringen. Aus seiner Sicht bewegt sich die Zukunft, wie schwierig sie an der Oberfläche auch erscheinen mag, freudig auf die Erfüllung unserer gemeinsamen Träume von einer Menschheit zu, die mit sich selbst in Frieden lebt und offen ist für eine neue Vision ihres schöpferischen Bundes mit der Natur und mit Gott.

David Spangler

14

EINE EINGANGS-BOTSCHAFT

(In den folgenden Gesprächen gehen Johns Kommentare in den meisten Fällen auf bestimmte Fragen ein oder setzen vorausgegangene Durchgaben fort. Wo es notwendig ist, seine Aussagen in einen Zusammenhang zu stellen, werde ich erklärendes Material beifügen.)

Bevor wir auf Fragen eingehen, die ihr vielleicht habt, würden wir die Zeit, in der ihr lebt, in der ihr lebt, und das sich eben entfaltende Jahr gerne etwas näher beleuchten.

Mit Beginn dieses Jahrzehnts tretet ihr in eine Zeitperiode ein, in der viele der Spannungen und Herausforderungen, die vom Übergang eurer Gesellschaft von einem Seinszustand in einen anderen herrühren, angegangen und in großem Maße gelöst werden. Dieser

Lösungsprozeß wird in verschiedenen Intensitätsgraden bis zum ersten Jahrzehnt des nächsten Jahrhunderts andauern.

Es wird eine Zeit erheblicher Gegensätze sein. Die Wesenheit, die sich selbst als Grenzenlose Liebe und Wahrheit zu erkennen gibt, hat einmal von zwei Welten gesprochen, die sich auf eurer Erde voneinander trennen (dieses Material ist in „New Age – die Geburt eines Neuen Zeitalters" enthalten; Anm. d. Hrsg.). Während der nächsten zwei Jahrzehnte wird diese Teilung zunehmend in Form von Unterschieden in der Energie, in der Weltsicht und in der Kreativität zwischen verschiedenen Teilen der Gesellschaft und der Menschheit sichtbar werden. Es wird hauptsächlich eine Teilung sein zwischen denjenigen Menschen, deren Sicht der Zukunft eine Vision der Neugeburt, neuer Möglichkeiten, der Entfaltung und freudigen Kreativität ist, und denjenigen, die um sich herum nur Tod, Angst und Zerstörung sehen. Die Qualität des Lebens und Tuns der ersten Gruppe wird strahlender und anziehender sein, während die der anderen von Niedergeschlagenheit und Wut bestimmt, wenn auch in ihrer Verzweiflung sehr mächtig sein wird.

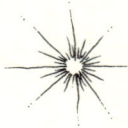

Jeder von euch wird täglich herausgefordert werden. Welcher Welt wollt ihr euch anschließen? Welchen Bildern der Zukunft wollt ihr eure persönliche Energie geben, welche wollt ihr hochhalten und miterschaffen? Eure sachkundigen und bewußten Handlungen als Anhänger einer geistigen und ganzheitlichen Vision werden über eure Zukunft entscheiden. Es ist eure Ausrichtung auf die Freude und den Geist Gottes, die euch die Kraft und die Stärke geben wird, in euren Bemühungen erfolgreich zu sein. Diese Freude ist der Wesenskern der neuen Welt und das Erbe, das ihr für euch in Anspruch zu nehmen und für alle Wesen zu sichern sucht, die diesen Planeten mit euch teilen.

Während dieser kommenden Zeit wird jener Brennpunkt des Lichtes und der Liebe, den ihr den Christus nennt, entscheiden, auf welche Weise er sich im Menschenreich verkörpern wird. Wie wir es sehen, wird diese Inkarnation nicht die Form eines bestimmten Individuums annehmen; es werden vielmehr viele einzelne Menschen die Energie dieser geistigen Gegenwart in verschiedenen Graden zum Ausdruck bringen. Die Arbeit des Christusprinzips ist von planetarischem Ausmaß, und seine Einwirkung ist großenteils auf die Ebene gesellschaftlicher und internationaler Angelegenheiten gerichtet. Während der letzten vier Jahrzehnte ist viel reinigende und vorbereitende Arbeit geleistet worden und wird auch weiterhin geleistet werden. Es gibt jetzt verhältnismäßig klare Kanäle der Aktivität, durch welche diese kosmische Energie mit eurer Welt in Austausch treten und ihre Kraft und Reinheit entfalten kann.

In dem Maße, wie diese Gegenwart sich in eurer Welt immer vollständiger zu erkennen gibt und von innen heraus aktiv wird, wird es Individuen geben, die sich selbst als den Christus ausgeben und die diese Gegenwart in der Tat auch bis zu einem gewissen Grad verkörpern werden. Sie werden diese Gegenwart jedoch nicht in der Weise sein, wie ihr an eine Wiederkunft Christi denkt, da es immer leichte Abweichungen und Ungereimtheiten geben wird. Der Christus, dem wir dienen, wird nicht vor der Jahrhundertwende körperliche Gestalt in Form eines bestimmten Einzelwesens annehmen; vielmehr sind seine Energie und sein Wille jetzt darauf gerichtet, die Christusgegenwart innerhalb der ganzen Menschheit zu erleuchten und wachzurufen. Der Christus hilft dem Einzelnen dabei, seine Fähigkeit zu entdecken und zum Ausdruck zu bringen, in Übereinstimmung mit dem Prinzip der allumfassenden Liebe und Weisheit zu handeln, nicht nur aus einem Glauben heraus, sondern aus innerem Wissen und innerer Verpflichtung. Der Christus sucht sich durch den erleuchteten Willen und das erleuchtete Handeln der Menschheit zu verkörpern, und nicht nur durch einen oder zwei Eingeweihte. Später, wenn die Menschen gelernt haben, einander und ihre Welt mit Augen zu sehen, die den innewohnenden Geist Christi erkennen können, werden sie sich dieser Gegenwart so sicher und greifbar bewußt sein, als ob sie in leiblicher Gestalt unter ihnen wandelte. Wenn die Zeit kommt, wo keine Gefahr besteht, daß diese Gegenwart auf eine bestimmte Manifestation eingegrenzt wird, dann mag eine solche Verkörperung tatsächlich erscheinen. Dies wird dann ein Zeichen der Bestärkung und des Segens für die kollektive Verwirklichung des Christusprinzips sein und wird diese zu verstärkter Kreativität anregen. Diese Manifestation könnte zu Beginn des nächsten Jahrhunderts stattfinden, aber interpretiert dies nicht als die Wiederkunft Christi.

Die Wiederkunft Christi ereignet sich jetzt in den Herzen und im Geist von Millionen einzelner Menschen aller Glaubensrichtungen, indem sie zur Erkenntnis dieser geistigen Gegenwart in sich selbst und in anderen gelangen. Durch diese Erkenntnis und auf anderen, verwandten Wegen werden die Gegenwart und das Prinzip Christi sich in diesem neuen Jahrzehnt in bedeutendem Ausmaß verkörpern und offenbaren. Diese Verkörperung wird für jene sehr offensichtlich sein, die das Wahrnehmungsvermögen und die Bewußtheit besitzen, um sehen zu können.

(Vielleicht sollte hier angemerkt werden, daß für John der Christus keine religiöse Figur ist, sondern eher ein kosmisches Prinzip, eine geistige Gegenwart, deren Qualität auf verschiedene Weise in allen Religionen und Philosophien einfließt und erscheint, die die Menschheit erheben und die Einheit mit dem Geist suchen. Es ist eher eine Seinsweise denn eine Glaubensrichtung, deren umfassende Liebe und Weisheit alles Leben umfängt.)

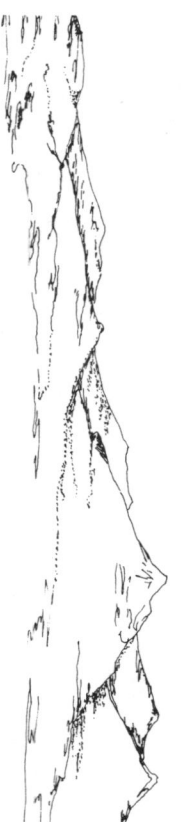

18

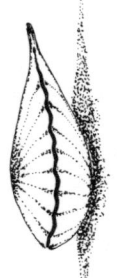

Kapitel 1

(In den folgenden Abschnitten widmet sich John internationalen Beziehungen, insbesondere zwischen den Vereinigten Staaten und der Sowjetunion, und den Möglichkeiten eines Krieges während des nächsten Jahrzehnts.)

Im eben beginnenden Jahr (1980) werden im Muster der planetarischen Beziehungen beträchtliche Veränderungen und Neuorientierungen stattfinden. Dies wird hauptsächlich auf den inneren Ebenen des Denkens und Fühlens zum Ausdruck kommen, sowie im umfassenderen Bereich der internationalen Angelegenheiten. Es werden einige äußere Anzeichen von Instabilität in der Welt sichtbar werden, die bis etwa zur Mitte des Jahrzehnts zunehmen. Es wird nicht leicht sein, damit zu leben, aber es wird auch nicht zu einer allumfassenden Zerstörung kommen, denn gleichzeitig entsteht ein Geist größerer Solidarität und Stabilität, der auf neuen Visionen und Werten fußt. Es liegt in der Verantwortung der Schüler des Geistes in aller Welt, diese Visionen und Werte zu erkennen und ihnen durch die Kraft ihrer Lebensweise und Aktivitäten zur Verkörperung zu verhelfen. Hieraus wird eine klarere Vision des Fundamentes entstehen, auf dem eine neue planetarische Kultur gründen kann. Die Entstehung dieser Vision – und die auf ihr beruhenden Aktivitäten – werden viel dazu beitragen, die Unsicherheit in der Welt bis zur Mitte dieses Jahrzehnts auszugleichen. Es ist wichtig, daß ihr euch darauf ausrichtet und ihm Ausdruck verleiht, und nicht den Strömungen der Furcht und Unsicherheit. Es ist wichtig, daß die Ordnung, der ihr euch verpflichtet, wirklich aus einer neuen Vision geboren ist, welche die Menschheit für ihre neuen Möglichkeiten öffnen kann, und daß es nicht eine starre, aus Angst und Ablehnung geborene Ordnung ist.

Es wird Konflikte in der Welt geben, aber sie werden eingedämmt werden; sie werden zwar den Schatten einer größeren Auseinandersetzung und die Angst davor heraufbeschwören, werden aber nicht wirklich zu einer solchen eskalieren. Obwohl militärische Machtausübung weiterbestehen und sogar auf der ganzen Welt in verschiedener Richtung noch zunehmen wird, liegen die wirklichen Dimensionen und Schauplätze des planetarischen Konflikts tatsächlich nicht im militärischen, sondern im psychologischen und spirituellen Bereich. Ihr kämpft letzten Endes nicht gegeneinander, sondern gegen die Angst – gegen die Angst voreinander und in gewissem Maße gegen die Angst vor euch selbst und vor dem Geist. Jede Überwindung der Angst durch euer Verständnis und eure Liebe bringt euch dem neuen Zeitalter, das ihr sucht, näher und ist ein Sieg für euch selbst, für die Menschheit und für eure Welt.

Die Sowjetunion wird sich in ein Muster verstrickt finden, mit dem umzugehen sie nicht mehr in der Lage sein wird, und innerhalb des Landes wird eine Saat der Instabilität in einer Weise aufzugehen beginnen, die sich jetzt noch nicht abzeichnet. Möglicherweise werden die Anzeichen dafür erscheinen, noch bevor das Jahr zu Ende geht. Dies wird zu Veränderungen in den Mustern der sowjetischen Regierung und Politik führen und um die Mitte dieses Jahrzehnts innere Veränderungen nach sich ziehen, die gegen Ende des Jahrhunderts anfangen, nach außen hin sichtbar zu werden. Die geistige Wesenheit, die die Seele der Sowjetunion ist, ist jetzt dabei sich durchzusetzen, und innerhalb des Landes besteht beträchtliche Unruhe und innerer Zwiespalt hinsichtlich seiner zukünftigen Richtung und Politik. Die Sowjetunion hat für das Wohlergehen der Menschheit eine Bestimmung zu erfüllen: Es wird ein geistiges Licht aus diesem Land hervorgehen. Der gegenwärtige Flirt der Sowjetunion mit Macht und Gewalt ist nur eine Etappe auf dem Weg zu diesem Ziel, und schon jetzt strebt eine reifere und besser ausgerichtete planetarische Kraft danach, hervorzutreten.

Dies soll nicht besagen, daß die Sowjetunion nicht noch eine zeitlang eine Quelle weltweiter Unruhe, Spannung und sogar Gefahr sein wird. Die Sowjetunion ist dabei, Karma innerhalb ihrer selbst und mit den Nationen an ihren Grenzen aufzuarbeiten. Sie ist ihrer Natur nach unintegriert, wodurch sie leicht zu einem Instrument werden kann, durch welches Kräfte und Strömungen, die der menschlichen Entwicklung feindlich sind, sich manifestieren können – Kräfte der Unterdrückung, die aus der Angst geboren sind. Diesen wird man weise entgegentreten und sie umwandeln müssen; jedoch kann selbst ihr Erscheinen in dem Umwandlungsprozeß einen Zweck erfüllen. Ich sollte dazusagen, daß innerhalb der kollektiven und institutionellen Energien der Vereinigten Staaten ebenfalls eine Anfälligkeit für das Erscheinen solcher der Evolution entgegengerichteter Kräfte besteht. Es gibt auf der Weltbühne nicht nur einen Schurken. Der Schurke liegt in Zuständen des Bewußtseins und der Einstimmung, wie sie überall auf der Welt erfahren werden, genauso wie auch die heroische Kraft der Liebe und des guten Willens nicht der ausschließliche Besitz einer einzelnen Rasse oder Nation ist. Die Länder, die gegen die negativen Eigenschaften der Sowjetunion ihre Stimme erheben wollen, müssen auch zusehen, daß sie der Negativität innerhalb ihrer eigenen Grenzen den Kampf ansagen und sie lösen.

Was jetzt in den islamischen Ländern geschieht, ist auch von Gott bestimmt und ist – soweit menschliches Bewußtsein, menschliche Einstimmung und Weisheit reichen – vom Geist geleitet. Aus dem geistigen Impuls, der der Islam ist, kommt ein neuer Beitrag, der die neue Welt, die entstehen will, bereichern möchte, aber aus verschiedenen Gründen – einige davon geschichtlicher Art – tritt er auf extreme und gewalttätige Weise hervor. Unter der Decke der Gewalttätigkeit steckt jedoch eine mächtige geistige Sensibilität und Vision, die sich in der Beziehung zum Weltganzen zu entdecken und zu erneuern sucht. Es ist eine Vision, die die Welt aufruft, wieder zur geistigen Natur des Menschen und der menschlichen Gesellschaft tief zu erwachen. Sie weckt unseren Sinn dafür, daß die Gesellschaft tief in einem geistigen Impuls verankert sein muß und diesen reflektieren muß, wenn auch nicht unbedingt in einem religiösen Rahmen. Auch hier findet ein Kampf statt zwischen dem reinen Impuls, der sich an ein geistiges Prinzip anschließt, und dem religiösen und institutionellen Rahmen, innerhalb dessen er erscheint, und der dem Geist seine Form aufzuzwingen versucht.

Innerhalb aller Muster von Instabilität ringen Kräfte darum, die Oberhand zu gewinnen. So tauchen von Zeit zu Zeit Ereignisse und Individuen auf, die ihr je nach eurem Standpunkt als gut oder schlecht empfindet. Und doch ist unter alledem ein tiefer planetarischer Geist der Liebe und des guten Willens am Werk, der die Instabilität und die einzelnen Individuen, die aus ihr hervorgehen, benützt wie ein Bauer den Pflug, um die Erde umzuwenden und sie für neue Saat und eine neue Ernte vorzubereiten.

In diesem Jahrzehnt wird sich die Welt beständig mit der Notwendigkeit konfrontiert sehen, sich eines größeren Geistes bewußt zu sein, und es wird notwendig werden, ein tieferes Verständnis der geistigen Impulse, die hinter den verschiedenen Nationen stehen, zu gewinnen. Es ist die Getrenntheit innerhalb der Menschheit, an die die Herausforderung gerichtet sein wird, und zwar oft gerade durch eine Betonung dieser Getrenntheit. Denn wenn auch religiöse Organisationsmuster verschiedentlich als Mittel für diese Betonung und Verdeutlichung benutzt werden mögen, so wird doch auch die Wichtigkeit und die Gegenwart des Geistes, der euch vereint und dem letztendlich alle Religionen entspringen, als Realität in den menschlichen Angelegenheiten wahrgenommen werden.

Die Vereinigten Staaten tragen die ganz besondere Verantwortung, „das Erbe ihrer Väter anzutreten" und den geistigen Quellen und Visionen gerecht zu werden, die dieses Land hervorbrachten. Sie sind eine planetarische Nation, die nicht aus einer bestimmten Rasse oder einem bestimmten Volk hervorgegangen ist, sondern aus den Bemühungen, Hoffnungen und Träumen von Männern und Frauen aller Rassen und Nationen. Sie sind der Schauplatz eines großen planetarischen Versuchs, eines Experiments der Menschheit; die Vereinigten Staaten sind mit der Bestimmung entstanden, der Menschheit in einer Weise zu dienen, wie dies kein anderes Land jemals zuvor getan hat.

Da sie ihr Machtgefühl zum gegenwärtigen Zeitpunkt auf eine grundsätzlich ungeistige Basis verlegt haben – auf eine wirtschaftliche Basis mit einer zu engen Sicht der menschlichen Natur und des menschlichen Potentials –, stellen die Ereignisse dieses Jahrzehnts und das Sich-Erheben des Geistes wie im Islam für die Vereinigten Staaten eine ganz besondere Herausforderung dar. Eine weitere

Herausforderung wird aus Elementen ihrer eigenen Bevölkerung und ihrer eigenen Institutionen kommen, die ihrer betont wirtschaftlichen Sichtweise entstammen und ihrem Wesen nach grundsätzlich auch totalitär sind. Diese können unbeabsichtigt oder gelegentlich auch wissentlich und absichtlich die Freiheiten des Volkes der Vereinigten Staaten einschränken und dem planetarischen Experiment entgegenarbeiten, das innerhalb ihrer Grenzen stattfindet. Dieser innere Feind ist keine Verschwörung, die von anderen Ländern angezettelt wird, sondern das Resultat von Einstellungen, Gedankenformen, Vorurteilen und nicht integriertem, mißverstandenem und nicht umgewandeltem Glanz und Zauber der Macht, die alle Teil des Karmas und der geschichtlichen Entwicklung der Vereinigten Staaten sind. Sie werden ganz bestimmte Lektionen zu lernen haben und sich wieder auf ihr tieferes geistiges Erbe und Potential besinnen müssen; andernfalls wird ihre Zukunft als Land begrenzt sein und sie wird die Verheißung ihrer Seele nicht widerspiegeln.

Alles, was jetzt in der Welt geschieht, ist ein Schrei der Menschheit nach Transformation, ein Schrei um Hilfe bei einem weiteren Schritt auf ihre Bestimmung zu. Die Vereinigten Staaten sind entstanden, um diese Hilfe zu leisten, und aus unserer Sicht werden sie dies auch tun. Wir haben Vertrauen in ihre Zukunft. Es gibt jedoch eine Qualität in diesem Land, die weder dieses Bedürfnis versteht noch die scheinbaren Opfer, die von ihm vielleicht verlangt werden, damit es seine eigene Umwandlung und Transzendierung vollziehen kann. Diese Kraft trachtet danach, sich als Macht zu verkörpern und auf den Schrei der Menschheit mit Machtausübung zu reagieren. Macht ist an sich nicht schlecht; auch sie ist eine göttliche Qualität. Wahrlich groß ist das Individuum oder das Land, das es lernt, Macht zusammen mit

Anmut und Weisheit zu verkörpern und zu gebrauchen, frei von Furcht und mit einem Verständnis dafür, daß die Wurzeln der Macht in der Selbstbeherrschung liegen und nicht in der Herrschaft über andere. Die Vereinigten Staaten müssen sich als Land der Herausforderung an ihre Macht stellen und lernen, sie redlich und mit Mut zum Dienen einzusetzen. Auf die Bedürfnisse der Menschheit einfach mit Macht und Gewalt zu antworten wird keinen Erfolg bringen; die Lektion dieses Jahrzehnts wird es sein, zu entdecken, daß der Macht echte Grenzen gesetzt sind.

Je nachdem wie die Vereinigten Staaten sich entscheiden, wird die Periode des Übergangs zur Mitte dieses Jahrzehnts und darüber hinaus für sie glatt oder voller Schwierigkeiten sein. Die wirkliche Gefahr ist nicht die Sowjetunion, sondern vielmehr die zunehmende Kraft des Rufes und Verlangens nach Gerechtigkeit und Ausgleich in der Welt, insbesondere bei jenen Völkern, die Mangel leiden. Wenn dieser Ruf nicht verstanden und ihm nicht in vorausschauender und inspirierter Weise nachgekommen wird, dann wird auf der Erde eine Kraft entstehen, die aus Wut und Ablehnung kommt und die vieles, was ihr im Wege liegt, hinwegfegen wird. Diese Kraft wird die Vereinigten Staaten ärmer zurücklassen, als es anders der Fall wäre, denn sie sind dazu bestimmt, in dieser Zeit Treuhänder der Hoffnung und des Dienstes an der Menschheit zu sein. Die Vereinigten Staaten können unnötigerweise viel verlieren, wenn sie in dieser Prüfung ihrer nationalen Einstellung und ihres Willens versagen. Sie haben etwa vier bis fünf Jahre Zeit, um damit zu beginnen, diesem Bedürfnis in klarer Weise Rechnung zu tragen; andernfalls wird sich noch vor Ende des Jahrzehnts dieser Sturm über die Erde ausgebreitet haben. Er muß nicht unbedingt die Form eines militärischen Krieges annehmen, wie viele Menschen fürchten — wenn auch militärischer Konflikt sicher ein Teil davon sein wird —, sondern er wird hauptsächlich auf wirtschaftlichen, ideologischen und psychischen Ebenen ausgefochten werden. Diejenigen, die wenig zu verlieren haben, die verzweifelt sind und keine Hoffnung sehen, können zu einem Kanal werden, durch den Terror, Zerstörung und Verzweiflung in eure Welt eintreten können.

So geht der Schrei hinaus. Vor allen anderen Ländern sind es die Vereinigten Staaten, an die dieser Schrei gerichtet ist, und sie sind das Land, das am besten darauf antworten kann. Während der nächsten vier Jahre werden in den Vereinigten Staaten viele Menschen und kollektive Energien auftauchen, die dabei helfen werden, diese Antwort zu geben und sie in die richtige Richtung zu lenken; es ist an jedem einzelnen, für sich selbst herauszufinden, was er oder sie zu dieser Antwort beitragen kann, und es zu tun.

Diejenigen, die mit Pessimismus in die Zukunft schauen, sehen nicht alles, was geschieht. Der Geist ist aktiv und stark, und der Wille der Menschheit, zu dienen und das zu erreichen, wovon sie weiß, daß es ihr rechtmäßiges Erbe ist, nämlich Kreativität, Harmonie und Macht, ist ebenfalls stark. Wenn es also die Vereinigten Staaten versäumen, ihre Herausforderungen anzunehmen, dann wird es andere Länder geben, die dies tun werden; in der Tat ist es nicht die Verantwortung der Vereinigten Staaten allein, sondern aller Länder, auf die Bedürfnisse der Menschheit einzugehen. Andere werden dann jedoch die Ehre und den Segen haben, Wegbereiter zu sein, und zu Brennpunkten des Lichtes werden, wenn die Vereinigten Staaten dies versäumen. Wie immer es jedoch geschieht – im Interesse des höchsten Gutes wird der Menschheit gedient und werden der Zerstörung Grenzen gesetzt werden. Während des nächsten Jahrzehnts und insbesondere während seiner ersten Hälfte werden sich die Vereinigten Staaten der Herausforderung gegenüber sehen, daß sie zu erkennen beginnen, ob sie ihrer Bestimmung gerecht werden und das Licht, das ihr Erbe ist, für sich beanspruchen können.

Kapitel 2

(In den folgenden Abschnitten beleuchtet John die inneren oder esoterischen Aspekte der Beziehungen zwischen der Sowjetunion, den Vereinigten Staaten und China und benutzt dabei die Begriffe „Volksseele" und „nationale Wesenheit". Erstere ist vergleichbar mit dem kollektiven Unbewußten oder der Gruppenseele* einer – meist ethnischen oder rassischen – Gruppe von Menschen, während letztere die Gruppenseele einer Nation, eines Staates oder eines politischen Gebildes ist. Bei beiden handelt es sich um ein Bild oder eine Gedankenform auf den inneren Ebenen. Die Bedeutung dieser Begriffe wird aus dem Zusammenhang des folgenden Materials noch besser verständlich werden.)

Die Wesenheit, die Rußland ist, ist sehr alt; sie ist die Volksseele oder das kollektive Unbewußte des Landes selbst und der verschiedenen Völker, welche die Teil von ihr sind. Die Wesenheit, welche die Sowjetunion ist, ist hingegen sehr jung; sie stellt die nationale Identität und Regierung dar. Diese beiden Wesenheiten stehen in Konflikt miteinander, denn in der Volksseele Rußlands gibt es Elemente, die die nationale Wesenheit der Sowjetunion bedrohlich und mit ihrem

---

* engl. oversoul

Selbstgefühl unvereinbar findet. Diese Elemente wollen die nationale Wesenheit herausfordern und verändern, denn hier liegt karmische Verantwortung verborgen, der sich die nationale Wesenheit jetzt stellen muß. Je nachdem, wie diese Verantwortlichkeiten eingelöst werden, könnte das für die nationale Identität bedrohlich werden. Weil sie in ihrem eigenen inneren Wesen unsicher ist, ist sie unsicher gegenüber ihrem eigenen Volk wie auch gegenüber den Völkern der Welt. Aus dieser Unsicherheit entspringt ein Gefühl der Furcht und Ängstlichkeit und in der Folge ein Gefühl grundsätzlicher Ohnmacht.

Die nationale Identität versucht, diese inneren Gefühle zu kompensieren, indem sie der Welt und sich selbst ein Bild von Macht und Stärke vorspiegelt. Ihr Image, oder was andere von ihr denken, ist noch sehr wichtig für diese Wesenheit, nicht unähnlich wie bei einem Kinde, das um größere Reife kämpft. In manchen Fällen ist das Image wichtiger als die Substanz. Andererseits wird sie aber auch nicht zögern, sich der Welt als mächtig und sogar bedrohlich darzustellen, wenn sie sich in Bereichen bedroht fühlt, die sie als karmische oder innere Schwäche empfindet – ganz gleich, wie sich das auf ihr Image auswirkt. Dies dient als Ersatz für eine echte tiefere Integration und Ganzheit innerhalb ihrer selbst und mit ihrer Umgebung. Nichtsdestoweniger wird ihr diese Integration während des nächsten Jahrzehnts durch innere und äußere Faktoren aufgezwungen werden.

Die nationale Wesenheit fühlt, daß die Fluten ihrer Vergangenheit und die Folgen ihres Karmas sie verschlingen können. Sie sieht sich von anderen Volksseelen und nationalen Wesenheiten umringt, mit denen sie in der Vergangenheit feindliche Beziehungen hatte und mit denen sie daher gewisse karmische Verbindungen teilt. Sie befürchtet, daß die Folgen dieser vergangenen Beziehungen durch militärische Aktionen oder einfach durch ideologische oder psychologische Unterwanderung zu ihrem Ableben führen könnten. Sie fürchtet sogar das Aufkommen einer geistigen Kraft aus ihrem eigenen Innern, einer Kraft, mit der die Volksseele in Einklang steht, die die nationale Wesenheit jedoch nicht in sich aufzunehmen weiß und die sie als

unlogisch betrachtet. Sie fürchtet, daß diese Dinge geschehen könnten, bevor sie Gelegenheit hat, sich wirklich zu festigen.

Die nationale Identität der Sowjetunion versucht, einem sehr vielfältigen und unintegrierten Massenbewußtsein ein anspruchsvolles intellektuelles und äußerst komplexes Seelenziel aufzupfropfen. Sie sieht sich Stammesbedingungen an ihr Land gegenübergestellt, die fest und in der Tiefe wurzeln und die sie in eine verwundbare Lage bringen, was die instinkthaften Energien betrifft, die der Natur und den Stammessitten entspringen. Unter diesen Bedingungen versucht sie, ein Energie- und Bewußtseinsfeld zu inkarnieren, das transplanetarisch ist. Sie möchte in der Evolution des Bewußtseins einen gigantischen Vorwärtsschritt vermitteln. Zu diesem Zweck hat sie die instinkthaften Schichten preisgegeben und hat versucht, sich mit Macht über den Intellekt, die am Konkreten orientierte Denkweise und durch die vom Intellekt geschaffene Technologie zu kanalisieren, wobei sie Unterdrückung als Werkzeug gebraucht hat anstelle von Integration. Sie ist wie ein Mensch, der das Unbewußte fürchtet und Energie darauf verwendet, Barrieren gegen diesen Bereich zu errichten, um alles zu unterdrücken, was sich darin befindet. Sie sucht einen mächtigen und schutzbietenden Brennpunkt im rationalen, logischen Denken zu errichten, und dennoch schlagen gegen ihn die ebenso mächtigen Strömungen und Fluten des Unbewußten, des Intuitiven, des Nicht-Rationalen und des Mystischen, die unter den Völkern dieses Landes sehr machtvoll sind.

Es ist ferner so, daß bei der Geburt der Sowjetunion die einströmenden Energien der nationalen Wesenheit, die Seelenkraft, die einen Schritt vorwärts tat, weder in angemessener Weise aufgenommen noch integriert worden sind. Dies schuf von Anfang an ein Muster der Unterdrückung und Angst, beschwor negative Elemente aus dem Massenbewußtsein herauf und führte zu einer Verzerrung dessen, was da geboren wurde. Das Resultat war ein »Elementarwesen«, eine teilweise Inkarnation der nationalen Wesenheit gepaart mit einem unvollständige Erscheinen der Volksseele – eine unvollständige und verzerrende Verbindung. Dieses Elementarwesen verdunkelt die geistige Kraft sowohl der nationalen Wesenheit wie auch der Volksseele, was sie oft miteinander in Konflikt bringt. Die Sowjetunion, die ihr in eurer Welt erlebt, ist noch nicht die Sowjetunion, die entstehen wollte, oder deren Entstehung von den geistigen Führern eurer Welt beabsichtigt war. Der freie Wille des Menschen hat hier, wie bei vielen anderen Dingen in eurer Welt, das erhoffte Ergebnis verändert. Dies sollte jedoch als Aufschub, nicht als Vereitelung eines geistigen Zieles betrachtet werden, denn zur rechten Zeit wird der wahre russische Geist hervortreten, wie es prophezeit worden ist, und wird eine große Kraft des Guten auf der Welt sein.

Dieser Mangel an Selbst-Integration ist die direkte Ursache der äußeren Aggressivität der Sowjetunion. Nicht die Weltherrschaft ist es, wonach sie strebt – wie ihr dies verstehen würdet –, wenn es auch einzelne an der Macht geben mag, die ihr dies gern zum Ziele setzen würden. Vielmehr strebt sie danach, für sich einen Einfluß- und Schutzbereich zu errichten, in dem sie sich sicher fühlen kann.

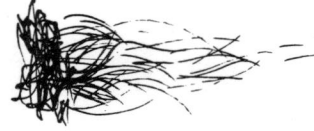

Ein Teil des Karmas, das die Sowjetunion mit ihren Nachbarn hat, nimmt durch die weltweite Wiederbelebung der Seelenkraft, die der Islam ist – welcher selbst Karma mit stammesbezogenen Gedankenformen und Begrenzungen hat – eine ganz bestimmte Form an. Der Islam sieht sich der Herausforderung gegenübergestellt, die universellen Qualitäten der Sendung seiner Seele durch eine Persona oder Volksseele zum Ausdruck zu bringen, die stark von Stammesqualitäten beeinflußt ist. Es ist nicht so sehr die Wiederauferstehung des Islam, was ihr miterlebt, als vielmehr dieser Stammesseelen, die den Islam als Vehikel benutzen. Die Herausforderung besteht darin, daß diesen älteren Stammeswesenheiten unter anderem eine Ausschließlichkeit zu eigen ist, die keinen Zusammenhang mit den planetarischen Bedürfnissen und Richtungen dieser Zeit hat. Es repräsentiert zudem ein Element des Unbewußten, des Intuitiven und Nicht-Rationalen, durch das sich die Sowjetunion stärker bedroht fühlt als durch das christliche Muster. Die Auferstehung dieser Stammesseelen hat in der nationalen Wesenheit der Sowjetunion Ängste auf einer sehr grundlegenden Ebene ausgelöst, denn die Sowjetunion besitzt ihre eigenen Stammeselemente, die nicht gut integriert sind und die, Spaltung erzeugend, hervorbrechen können. Diese Ängste sind es vor allem, welche die Sowjetunion unlängst zu ihren militärischen Aktionen im Mittleren Osten verleitet haben. Mit solchen Aktionen übernimmt sie sich jedoch und wird die Weltmeinung gegen sich richten. Sie wird feststellen, daß ihre Versuche, sich Sicherheit zu verschaffen, ihr nur noch mehr Unsicherheit einbringen werden.

Die Führung der Sowjetunion setzt sich aus Individuen zusammen, die in Machtstellungen hineingezogen wurden, weil Elemente in ihrem eigenen Innern mit dem Bedürfnis der nationalen Wesenheit nach Sicherheit, Macht und Unterdrückung unerwünschter Elemente in Einklang waren. Es gibt jedoch auch einen anderen Teil der sowjetischen Wesenheit, welcher ihre geistige Bestimmung anzurufen sucht und verkörpern will; dieser Teil hat auch seine Anhänger. Oft leiten diese jedoch, beeinflußt vom Bedürfnis der Wesenheit, sich gegen Irrationalität abzuschirmen, ihre geistige Arbeit in sehr intellektuelle Kanäle. Sie erschaffen dem Land ein komplexes höheres Bewußtsein, ein Bewußtsein aber, das den Geist nicht immer versteht oder sich bewußt auf ihn ausrichtet. Dies wird sich jedoch im Laufe der Zeit ändern, denn es gibt Menschen in Rußland, die wirklich auf das Seelenziel des Volkes eingestimmt sind und die auf verschiedenen

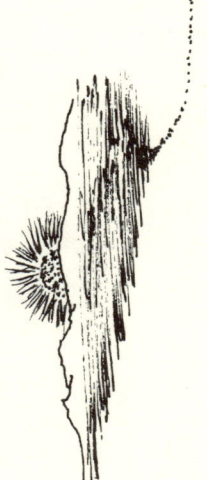

Ebenen daran arbeiten, diese Bestimmung zu verwirklichen. Die nationale Seele sucht nach einer Lösung ihrer inneren Spannungen, und das wird während der nächsten zwei Jahrzehnte bedeutende Veränderungen in der Politik der Regierung herbeiführen. Wir sehen dies als eine Änderung in der Seelenkraft, die das innere und äußere Leben des Landes strukturiert und ordnet, und die eine Bewegung fort von Unsicherheit und hin zu größerer Integration erzeugen wird. Dies wird keinen unmittelbaren beobachtbaren Effekt auf das haben, was ihr als politische Regierung wahrnehmt, aber es wird sich auf die Art der übergreifenden und inspirierenden Kraft auswirken, die sowohl die Menschen in der Regierung beeinflußt als auch jene, die zu Regierungsposten hingezogen werden. Mit der Zeit wird sie jene aus der Regierung entfernen, die zu den älteren Bedürfnissen der nationalen Wesenheit hingezogen waren, und die hineinbefördern, die mit den neuen Qualitäten der Integration, Sicherheit und Weisheit in Einklang stehen. Welche Auswirkungen dies auf die äußere Regierung haben wird, können wir schwerlich mit Klarheit vorhersagen, da es den Bereich menschlicher Entscheidung und freien Willens mit einschließt.

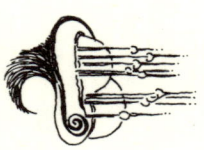

FRAGE: Welche Beziehung besteht zwischen den USA und der UdSSR?

Die Vereinigten Staaten und die Sowjetunion sind sich als seelische Wesenheiten sehr ähnlich, insofern als sie beide eine ähnliche Bestimmung für das Wohlergehen der Menschheit zu erfüllen haben. Aus unserer Sicht sind diese beiden Länder – wenn man sie personifiziert – wie Brüder, die aus einer ähnlichen geistigen Quelle hervorgehen. Der Unterschied liegt jedoch darin, daß die Vereinigten Staaten sich in ein jungfräuliches Land hinein verkörpert haben, mit dem sie minimale karmische Verbindung haben; allerdings ist durch die unkluge Behandlung der eingeborenen Hüter des Landes und die mangelnde Einstimmung auf das Land selbst Karma entstanden. Die Vereinigten Staaten wurden aus Umständen heraus geboren, in denen ihnen eine neue physische Welt zur Verfügung gestellt war, eine Welt, in der sie ihre eigene Geschichte relativ neu und frisch erschaffen konnten. Eine der Komponenten ihrer Entwicklung war die Freiheit von den Zwängen der Vergangenheit.

Die Sowjetunion hingegen mußte sich innerhalb eines älteren Körpers entwickeln. Anders als die Vereinigten Staaten, die wie eine in einen neuen Körper hineingeborene Seele sind, ist die Sowjetunion wie eine Seele, die vom Körper eines anderen Besitz ergriffen hat und nun mit den schon etablierten Gewohnheiten und der eingewurzelten Identität zu kämpfen hat. Da die Vereinigten Staaten nicht durch diese Erfahrung gegangen sind, ist es leichter für sie, die Geschehnisse in der Sowjetunion und in anderen älteren Ländern mißzuverstehen und falsch zu beurteilen, deren Volksseele viel weiter zurückreicht als ihre eigene. Bald aber müssen sich auch die Vereinigten Staaten der Volksseele ihres Landes stellen und die Beziehung mit ihr klären, indem sie sich gegenüber den eingeborenen Hütern des Kontinents und gegenüber dem Land selbst weiser verhalten. Die Menschen der Vereinigten Staaten haben nicht mit einer nationalen Wesenheit zu kämpfen, die innerlich mit sich selbst im Kriege liegt. Dies gibt ihnen einen Entwicklungsvorsprung, den sie in Dankbarkeit, Verständnis und weise Toleranz gegen andere umsetzen sollten. Im Umgang mit der Sowjetunion müssen die Amerikaner mit Stärke und mit einer Weisheit vorgehen, die Macht auf eine Weise gebraucht, die Licht zu verbreiten hilft und nicht verletzt. Es geht um heikle Dinge, die mit Feingefühl gehandhabt werden wollen. Gebete und Liebe, hinausgesandt zur Stärkung der höheren geistigen Kräfte, die in Rußland wirken, sind hilfreich. Das Vorgehen der USA sollte darauf abzielen, in der Sowjetunion die Erkenntnis wachzurufen, daß sie gegenüber der Weltgemeinschaft verantwortungsvoll handeln muß. Es wird das Problem nur verschlimmern, wenn die USA aus ihren eigenen Ängsten und Herrschaftsbestrebungen heraus diesem Land ein noch größeres Unsicherheitsgefühl einflößen; die Sowjetunion jedoch in der Welt gewähren zu lassen, wenn sie aus ihren eigenen unreifen und trennenden Motiven heraus handelt, wird auch zu Schwierigkeiten führen. Es ist ein Gleichgewicht zwischen Stärke und Weisheit, zwischen Liebe und einem realistischen Verständnis und Wachsamkeit, was das Volk der Vereinigten Staaten benötigen wird.

China ist sowohl von Rußland wie auch von den Vereinigten Staaten sehr verschieden. Die Persona Chinas ist mit seiner Volksseele, die eine der ältesten auf der Erde ist, mehr oder weniger integriert geblieben. Obwohl in diesem Land eine neue Ideologie und Regierungsstruktur aufgetaucht ist, die, oberflächlich betrachtet, den Mustern der Vergangenheit gegenüber feindlich zu sein scheint, ist dem nicht so auf einer tieferen Ebene, wo in der Essenz der chinesischen Tradition Einigkeit vorherrscht und weiterbesteht. China ist eine der wohlintegriertesten nationalen Wesenheiten, die zur Zeit auf der Erde bestehen, obwohl auch dieses Land wichtigen Herausforderungen gegenübersteht. Diese geben ihm seine eigenen Unsicherheiten, die aber nicht so tief wurzeln oder so von innen kommen wie die Rußlands. Chinas Herausforderung besteht darin, sich in die Zukunft hineinzubewegen, beladen mit Mustern der Vergangenheit, die ihm paradoxerweise eine tiefe Sicherheit und Stabilität verleihen. Es steht der Herausforderung einer gewaltigen nationalen Veränderung gegenüber. Insgesamt gesehen wird China in der Zukunft eine stabilisierende Kraft in der Welt darstellen, jedoch seine Andersartigkeit, auch und gerade seine Integration sowie seine Versuche, den Charakter dieser Integration zu ändern, sie selbst aber gleichzeitig zu bewahren, können es auch zu einer potentiellen Konfliktquelle werden lassen. Es wird in seinem Ringen, sich in seiner Rolle als einer der Anführer der planetarischen Transformation zu bewähren, zuweilen unbequem und sogar kriegerisch werden; grundsätzlich ist es jedoch eine stabilere Energie als Rußland.

China ist eine viel ältere Wesenheit, mit Wurzeln in einem früheren Evolutionszyklus. Wenn Rußland und die Vereinigten Staaten wie

Brüder sind, dann ist China wie die Großeltern, die versuchen, in die Welt ihrer Enkel einzutreten und Teil von ihr zu werden. Sein Alter wird für Elemente sowohl des Konflikts mit dem Wandel als auch der Stabilität im Wandel sorgen. Es besteht eine gegenseitige Anziehung zwischen den Vereinigten Staaten und China, wie dies oft zwischen Großeltern und Enkeln der Fall ist; es gibt jedoch auch Unterschiede, die Mißverständnisse und Konflikte verursachen können. Mit Rußland hingegen hat China eine karmische Geschichte, die mit Konfliktschwingungen gekoppelt ist und die irgendwann umgewandelt oder aufgearbeitet werden muß, falls die Welt Frieden finden soll. Alle drei Länder sind in der Hinsicht miteinander verbunden, daß sie Brennpunkte für planetarische Energien der Umwandlung sind. Ein weiteres Land, das hier eine wichtige Rolle zu spielen hat, ist Großbritannien; zur Zeit ist es dabei, sich durch ein eigenes Muster der Transformation und Initiation hindurchzuarbeiten; danach wird es aber ebenfalls, zusammen mit bestimmten Mitgliedern seines Commonwealth, eine machtvolle Rolle in der Umwandlung des Planeten übernehmen. Tatsächlich haben viele Länder Schlüsselfunktionen zu erfüllen, von Kanada und Mexiko auf dem nordamerikanischen Kontinent bis hin zu anderen in Europa, Asien, Afrika und Südamerika. Manche von ihnen sind noch an Karma gebunden und mit ihrer eigenen Entwicklung beschäftigt, andere jedoch sind schon freier dafür, mit der Erforschung der größeren Bestimmung der Menschheit und der Heraufkunft eines neuen Zeitalters zu beginnen und dazu beizutragen.

FRAGE: Was sind Volksseelen? Was haben sie mit dem menschlichen Schicksal zu tun?

Eine Volksseele geht aus mehreren zusammenwirkenden Elementen hervor: Aus der Natur und ihren Kräften, aus dem Denken, Fühlen und den Beziehungen der Menschen, aus dem kollektiven Unbewußten und aus spirituellen Impulsen, alles zusammengebracht und geformt von dem, was wir den Geist des Landes nennen. Unter dem Geist des Landes verstehen wir die Topographie, geographische Gliederungen und Beziehungen, die Energieströme entlang der planetarischen Kraftlinien (»ley lines«, wie die Briten sie nennen; Anm. d. Hrsg.), die Beziehungen zwischen Erde und Wasser, Bergen und Tälern und das dynamische Wechselspiel von Instinkt und Denken, das sich zwischen den lebenden Geschöpfen und dem Land bildet durch die Jagd, durch den Landbau, durch die Inkarnationszyklen innerhalb eines bestimmten Gebiets und durch die Ernährung, die regelmäßig aus den Nahrungsmitteln einer bestimmten Gegend schöpft. Da es auf eurem Planeten so viele verschiedene Geographien gibt, gibt es auch viele verschiedene Volksseelen, die sich entwickeln können. Diese können eine mächtige Kraft örtlicher Integration sein, können jedoch auch trennend wirken.

37

In dem Maße, wie sich die Menschheit auf ihre größere Bestimmung zubewegt, entsteht die Notwendigkeit, daß sie sich als eine einzige Gattung erfährt und begreift, und folglich als planetarische Wesenheit, für welche die Erde als Ganzes Heimat ist und nicht nur irgendein Fleck auf ihr. Dies wird ein notwendiges Vorspiel für die transplanetarische Arbeit sein, die auf euch zukommen wird. Diese Notwendigkeit stellt sich als das dringende Erfordernis dar, daß ihr euch nicht an eure Welt verhaftet, oder vielmehr an bestimmte Gedankenformen über die Welt – Volksseelen, die kristalline Form angenommen haben. Ihr müßt euch dem formenden Einfluß des Planeten als Ganzem aussetzen und nicht nur der Topographie und Ökologie einer bestimmten Gegend, wie wichtig dies auch gleichfalls sein mag.

Das Bewußtsein der Natur, wenn ich es so nennen darf, besitzt sowohl Logik als auch Unlogik, sowohl Symmetrie als auch Asymmetrie. Es drückt allmähliches Entfalten aus und auch plötzliche Sprünge und Übergänge, die sich auf euch als Gattung übertragen. Manche Teile der Welt nehmen bestimmte Elemente stärker auf als andere und leiten sie stärker weiter, so daß, allgemein gesehen, bestimmte Teile der Menschheit mehr auf das Intuitive ausgerichtet sind, während andere mehr zum Rationalen tendieren. Gewöhnlich nennt ihr diese Teile Ost und West. In der heutigen Begegnung von östlichen und westlichen Kulturen erfährt ihr als ganze Gattung einen Prozeß der Integration. Dieser Prozeß ähnelt dem eines Individuums, das nach Integration der dualen Aspekte seines eigenen Bewußtseins strebt und dadurch eine Synthese des vollständigen Bewußtseins erlangt, welches in der Lage ist, in die höheren Bereiche des Geistes einzutreten und sie zu begreifen.

Im Westen ist die rationale Strömung des menschlichen und planetarischen Bewußtseins herausgearbeitet und als das nach außen projiziert worden, was ihr die Industriegesellschaft nennt, welche die Veräußerlichung des rationalen und logischen Bewußtseins in Form und Prozeß ist. Diese Industriekultur hat eine höchst abstrakte menschliche Realität geschaffen, in der jene Dinge, denen ihr Wert beimeßt, zum großen Teil Bilder und Symbole sind, die mit dem, was wir unter echter Substanz verstehen würden, wenig Zusammenhang haben. Die Ökonomie zum Beispiel kann, obwohl sie im Grunde in der physischen Realität wurzelt, so verkünstelt und manipuliert werden, bis sie zu einer Abstraktion wird, die auf astralen, das heißt emotionalen und niederen mentalen Vorstellungen und Bedürfnissen fußt und oft den wirklichen menschlichen Bedürfnissen nach Überleben und Wachstum nicht mehr gerecht wird. In gewisser Hinsicht ist dieses Lernen auf Gattungsebene, mit höheren Schichten symbolischer Wirklichkeit zu arbeiten, wichtig als Übung, damit ihr in höhere Bewußtseinszustände – eintreten und mit ihnen arbeiten könnt; auch dies kann jedoch aufgebläht und mit falschem Glanz umgeben werden.

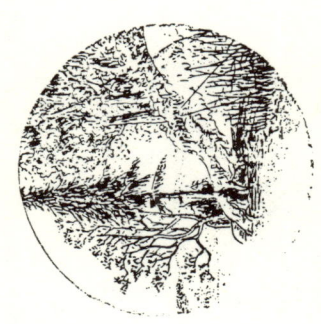

Dörfer sind als Projektionen des Bewußtseins des Landes in menschliche Form entstanden. Ein Dorf ist eine Inkarnation nicht nur menschlichen Willens, menschlicher Absicht und Sozialstruktur, sondern auch des Charakters und der Eigenart des Landes. Solche Dörfer hatten die Fähigkeit, die Kraft des Landes anzurufen und zum Ausdruck zu bringen, aber diese Kraft enthielt auch Elemente, die nicht wirklich der menschlichen Natur entsprachen. Um eurer menschlichen Wesensart besser gerecht zu werden und sie besser zu verstehen, müßtet ihr über das Land, über das Dorf hinauswachsen. Dies ist das Geschenk eurer industriellen, technologischen Kultur. Sie ist in der Lage, auf ganz bestimmte Weise einige der Muster der Verhaftung an Dorf und Land aufzubrechen und Raum zu schaffen für die Entstehung und Entwicklung eines umfassenderen planetarischen Zusammenhangs und Eingestimmtseins. Es ist euch jetzt zum Beispiel möglich, Informationen, Bilder, Erfahrungen, Nahrungsmittel, Kleidung wie auch Lebens- und Kulturstile rund um die ganze Welt zu verarbeiten und zu verteilen und so ein planetarisches Mosaik zu erschaffen und die Menschen in physischer, mentaler, emotionaler wie auch in spiritueller Hinsicht planetarischen Einflüssen auszusetzen. Dies ist sehr wichtig, damit sich innerhalb der Menschheit ein Bewußtsein planetarischen Seins entwickeln und inkarnieren kann, ein Bewußtsein dessen, daß ihr Teil einer einzigen zusammenhängenden Gattung und Ökologie seid. Es stimmt euch ein auf einen planetarischen und nicht nur auf einen örtlichen oder geographischen Zusammenhang. Der Globus, die Kugel, das Sinnbild der Ganzheit und Vollständigkeit, wird zu eurem topographischen Einfluß und Symbol, nicht mehr nur die physikalischen Grenzen von Berg und Fluß, Meer und Tal.

Dafür zahlt ihr einen Preis. Die Industriekultur hat die Welt zu einer Abstraktion werden lassen und macht es euch möglich, in einer Weise damit umzugehen, die für frühere Kulturen wie etwa die der nordamerikanischen Indianer undenkbar gewesen wäre. Manche von euch haben die Verbindung mit der Persönlichkeit der Erde verloren, die für das Dorfesbewußtsein so real ist – für ein Bewußtsein, das unter Mitwirkung des Geistes des Landes und der Ökologie seiner Umgebung entstanden ist. So könnt ihr euch gegenüber der Welt in einer Weise verhalten, die letztendlich schädigend ist.

Ihr müßt aus der Kraft eines tieferen menschlichen Bewußtseins zum Bewußtsein und Geist des Landes zurückkehren. Dies bedeutet, daß die Bewegung zurück in Dörfer und Gemeinschaften zunehmen wird, aber nun werden dies planetarische Dörfer sein, die mit dem Land auf neue Weise umgehen und die sich, um sich zu definieren, nicht nur auf die lokalen Umwelteinflüsse, sondern auf die planetarische Sichtweise als ganze beziehen. Dies wäre selbst dann so, wenn die lokalen Bedingungen es erforderten, nur aus örtlich verfügbaren Quellen zu leben. Die gegenwärtige Herausforderung für die Industriekultur besteht darin, herauszufinden, wie sie sich und ihre Technologie dem Dorf und Netzwerken von Dörfern (ja selbst der Schaffung von „Dörfern" in euren jetzigen Städten) anpassen kann. Die Gestalt dieser Dörfer wird natürlich variieren, aber sie werden Verkörperungen eines gemeinsamen Bewußtseins sein, eines Bewußtseins der Integration mit dem Land, mit sich selbst, mit anderen und mit dem Planeten. Solche Dörfer werden dann zu wahren Übungszentren für den nächsten Schritt in der menschlichen Evolution werden, der über den Planeten hinausgehen wird – sowohl physisch als auch in bezug auf das Bewußtsein, das höhere Dimensionen des Seins und der Kreativität erkunden kann.

Diejenigen, die – in welcher Form auch immer – bei der Schaffung solcher Dörfer und des ganzheitlichen Bewußtseins, das dahintersteht, mithelfen, werden diejenigen sein, die von den bevorstehenden Veränderungen insbesondere politischer und wirtschaftlicher Art am wenigsten betroffen werden. Sie werden vielmehr auf positive Weise und mit ihrer stabilisierenden, hoffnungsvollen und visionären Wirkung dazu beitragen, diese Veränderungen zu einer harmonischen Umwandlung in eine neue Gesellschaftsform geraten zu lassen.

FRAGE: Wie ist die wirtschaftliche Vorhersage für die achtziger Jahre?

Ihr habt nach der Möglichkeit einer Rezession in der Weltwirtschaft gefragt. Wir sehen keine Rezession als solche, sondern eher eine chronische Instabilität, die aus dem Widerspruch zwischen Symbol und Realität herrührt. Es wird in eurer Wirtschaft auf und ab gehen, aber dies ist nicht so sehr eine Reaktion auf reale physische Gegebenheiten, die mit dem Land oder mit der Arbeitskraft zu tun haben, als vielmehr die Reaktion auf Vorstellungen, Ängste, Gedankenformen und Gefühle, die oft außer Kontrolle geraten. Es mag im Lauf der Zeit auch eine Rezession eintreten; wir könnten es aber eher eine Neuorientierung nennen, die Gesundschrumpfung einer aufgeblähten Gedankenform auf etwas, das einer grundlegenderen Realität entspricht.

Was macht den Wert und die Produktivität eines Individuums oder eines Landes aus? Im Grunde haben sie mit der Fähigkeit des Individuums zu tun, mit seiner Umgebung und mit seinen Mitarbeitern Harmonie zu schaffen und aufrechtzuerhalten, so daß die Kreativität erhöht werden kann. Wenn ihr viele Güter und Dienstleistungen schafft, die letztens Endes von euch oder eurer Umwelt wieder integriert

42

noch verbraucht werden können, dann mag es so aussehen, als ob ihr Reichtum hervorbringt, aber in Wirklichkeit seid ihr dabei, giftiges Material zu produzieren und anzuhäufen, das schließlich eure Kreativität behindert und der wahren Produktivität Energie entzieht. Wahre Fülle wird nicht nach Quantität bemessen, sondern nach der Qualität der Beziehungen und dem aktiven Vorhandensein von Werten, die die Evolution fördern und voranbringen.

Der gegenwärtige Zustand der Weltwirtschaft ist ein Versuch von seiten der Seele des Planeten, ein Gleichgewicht wiederherzustellen: die intuitiven und ganzheitlichen Werte mit der abstrahierenden Kraft des logischen Denkens wieder zu versöhnen. Dies wird eine Reformation innerhalb eurer Wirtschaftswelt, wie ihr sie nennt, verursachen; ob es zu einer Rezession führt oder nicht, bleibt abzuwarten, aber es wird zu einer Überprüfung von Werten führen und dazu, daß die Energien der Wirtschaft in substantiellere Bahnen gelenkt werden. Es ist ein Versuch, die Wert-Gedankenformen zu zerschlagen, die so viel von eurer Welt mit einem falschen Glanz umgeben, besonders im Westen, wo man im Moment die wirtschaftlichen Möglichkeiten hat, diesen Gedankenformen Substanz zu verleihen.

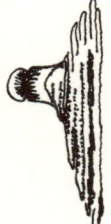

Viele eurer Werte beziehen sich auf symbolische Aspekte des Seins, die keine echte Wirklichkeit haben, wie beispielsweise auf Status und die Produktion von Gütern, die dem einzelnen durch bestimmte Besitztümer oder Lebensstile zu Ersatzidentitäten verhelfen. Dieser Aspekt eurer Wirtschaft wird am härtesten getroffen werden, und in dem Ausmaß, wie die Menschen von solchen Vorstellungen und Illusionen der Identität abhängig geworden sind, um sich zu definieren und sich ein Gefühl des Wohlergehens zu verschaffen, werden sie sich bedroht, geschädigt und in einer wirtschaftlichen Krise fühlen. Wenn zum Beispiel für die Hälfte der Bevölkerung eurer Welt der Hungertod ein ganz unmittelbares Problem ist, wird die Frage, welches Wagenmodell, welche Einrichtung oder Kleidermode man besitzen sollte, um eine bestimmte äußere Person darzustellen, irrelevant. Durch die Not und die möglichen Konflikte, welche die Hunger leidende Menschheit ausstrahlt, wird das herbeikommen, was jene wirtschaftlichen Aktivitäten hinwegfegen wird, die auf falschen und unwesentlichen Bildern des Selbst beruhen.

Wenn ihr diese wirtschaftliche Neuorientierung überleben wollt, dann müßt ihr eure Energie in Aktivitäten lenken, die aufzeigen helfen, was in der Welt wirklich von Wert ist; was zum Wohlergehen und zur Evolution der Menschheit beiträgt und den rechten Gebrauch der Beziehungen zwischen Menschen und zwischen dem rechten Mensch und Land demonstriert. Individuen, die solche auf das Ganze eingestimmte Lebensformen erforschen, werden sehr wenig leiden, denn ihre Werte werden im Aufsteigen begriffen sein und nicht herausgefordert werden. Für jene, die dem Prinzip der Gemeinschaft schöpferisch dienen, wird es keine Krise geben; ihre Bedürfnisse nach Überleben und nach Wachstum werden beide erfüllt werden, einfach dadurch, daß sie dem ihre Kraft geben, was die menschliche Evolution voranbringt.

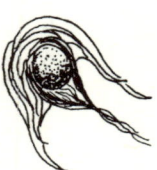

FRAGE: Wie steht es mit den Eingeborenenvölkern der Erde? Welches ist ihre Rolle?

Wir können nicht von den Eingeborenenvölkern der Erde, wie ihr sie nennt, als einer einzigen Kategorie sprechen. Sie stellen vielerlei Muster dar, von denen manche am Vergehen sind und auch dazu bestimmt sind, zu vergehen, während andere die Hüter von Elementen der Bewußtheit und des Eingestimmtseins sind, die eure zukünftige Kultur brauchen wird.

Der rechte Einklang mit dem Geist des Landes, den verschiedenen Evolutionsstufen angemessen, ist eine gute und notwendige Sache. Die Ausrichtung auf ihn kann jedoch so auf die Spitze getrieben werden, daß man dem menschlichen Bewußtsein bestimmte Bereiche des Wachstums verschließt, oder sie kann in einer Weise vernachlässigt werden, die die Verwurzelung, die ihr für euer Wachstum braucht, verleugnet. Die meisten Eingeborenenvölker spiegeln diese Ausrichtung wider; die genaue Art und Weise, wie sie praktiziert wird, mag zwar für die Zukunft nicht in allen Fällen angemessen sein, das Prinzip jedoch ist es. In dieser Hinsicht leisten jene Völker euch einen Dienst, denn sie erinnern euch daran, woher ihr kommt, und sind euch ein Prüfstein, der euch den Weg in eure Zukunft weisen hilft.

Die Industriekultur und diejenige Kultur, die darauf folgt, schaffen die Grundlagen für eine planetarische Kultur auf eine besondere Weise, aber die traditionellen Kulturen des Altertums haben ebenfalls eine planetarische Kultur erlebt. Bei euch geschah dies mittels der Technologie, bei ihnen geschah es durch direkte Einstimmung auf das Land und auf den Geist der Erde. Beides ist wichtig, und die Synthese aus beidem wird euch die Gundlage für eure Zukunft geben.

Wie eure Kulturen mit diesen Menschen umgehen werden, und wie ihr mit dem, was sie repräsentieren, verschmelzen könnt, während ihr gleichzeitig dem treu bleibt, was ihr selbst repräsentiert, wird während der nächsten Jahre ein wichtiger Faktor dessen sein, wie leicht oder wie traumatisch ihr die Veränderungen erleben werdet, die euch bevorstehen. Ich habe einmal erwähnt, daß das Übel, das den Eingeborenenvölkern wie zum Beispiel den Indianern Nordamerikas zugefügt wurde, sich in karmischen Reaktionen von Kräften innerhalb der Erde auswirken kann, mit denen diese Völker tief verbunden sind. Die gegenwärtige Beziehung der amerikanischen Kultur zu diesen Menschen und zum Land ist ein Teil des Initiationsvorgangs, den die Vereinigten Staaten gerade durchlaufen und in dem ihre Tauglichkeit zum Führer der Völker der Erde in ein neues Zeitalter geprüft wird. Die Eingeborenenvölker überall auf der Welt sind die Überreste einer viel älteren Zivilisation (in mancher Hinsicht der Vorläuferin eurer eigenen), die euch ein profundes geistiges Vermächtnis zum Gebrauch hinterlassen hat, nicht als eine Lehre, sondern als eine Kraft innerhalb der Erde. Die Nachkommen dieser Zivilisationen sind wie die Kinder dieser Kraft. Diese Kraft kommt wiederum zu euch als Teil dessen, was ihr die Energien des Neuen Zeitalters nennen würdet, aber in erneuerter und verwandelter Weise. Wie ihr mit ihren Kindern umgeht, wird sich darauf auswirken, wie diese Kraft mit euch umgehen kann. Die Indianer zum Beispiel repräsentieren nicht notwendigerweise diese Kraft, stehen aber mit ihr in Beziehung. Wenn ihr die Verwandten dieser Kraft schlecht behandelt und gleichzeitig erwartet, daß sie ihren Segen über euch und euer Land ausschütte, so ist das widersprüchlich und wird eure Erwartungen nicht erfüllen.

Man sollte die Eingeborenenvölker mit Achtung, Weisheit und Liebe behandeln, nicht weil sie Eingeborenenvölker sind oder weil sie dem Land nahestehen und für euch eine Quelle von geistigem Wert oder Weisheit darstellen können, sondern einfach, weil sie Menschen und ein Teil der menschlichen Familie sind. Ihr könnt nicht mit einem Teil der Menschheit ungerecht verfahren und gleichzeitig erwarten, daß ihr das volle Potential eurer menschlichen Natur verwirklichen werdet.

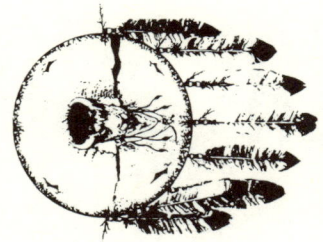

Viele der alten geistigen Schätze der Eingeborenenvölker werden der Zukunft nicht mehr angemessen sein. Ein Grund dafür ist, daß ihr nicht das Bewußtsein besitzt, um das Sein und die Einstellungen ganz in euch aufnehmen und euch in sie hineingeben zu können, welche jene Schätze wieder vollständig zum Leben erwecken würden. Ihr könnt nicht auf dieselbe tiefe Weise ein Indianer werden wie ein Mensch, der in jenes kulturelle Muster hineingeboren wurde; ihr könnt jedoch innerhalb eurer eigenen Kultur Entsprechungen zur Weisheit der Eingeborenenvölker finden, denn auch diese war einst eine »Eingeborenenkultur«. Ihr könnt die Richtung wahrnehmen, in welche die traditionellen Kulturen durch ihre Ausrichtung auf die Weltseele weisen. Ihr könnt zusammen Pioniere und Erforscher einer neu entstehenden Tradition werden. Die Eingeborenenvölker, die zu eurem Land und anderen Ländern gehören, sind wichtig. Rechter Austausch und rechte Gemeinschaft mit ihnen wird in Zukunft einen wichtigen Bestandteil der geistigen und körperlichen Arbeit bilden, aber hier werdet ihr Unterscheidungskraft benötigen. Blendwerk muß vermieden werden. Auch in den Eingeborenenkulturen gibt es, wie in eurer eigenen, vieles, was nicht wesentlich ist und nicht aus dem Höchsten kommt; auch hier gibt es, wie in eurer Welt, Menschen, die manipulieren, Macht mißbrauchen und trennenden Kräften dienen.

Im Bemühen um Verwandlung in eurer Welt werdet ihr euch oft mit Konflikten konfrontiert sehen. Es geht nicht darum, Konflikte zu vermeiden, sondern sie weise auszuwählen und ihnen mit Geschick und Weisheit zu begegnen. Viele Eingeborenenvölker haben ein Idealbild von einem Krieger, das anders ist als eures. Der Krieger ist nicht nur ein Mensch, der Kämpfe mit anderen ficht. Er ist ein Mensch, der mit seiner eigenen unintegrierten Natur ringt, um Ganzheit in seinem Innern zu erreichen. Er ist ein Mensch, der Kraft mit Würde und Heiterkeit gebrauchen kann, in Gleichgewicht und Harmonie und mit Liebe und Ehrerbietung für seinen Gegner. Der Konflikt beherrscht ihn nicht, weil er nicht im Konflikt mit sich selbst ist. Der Mensch, der kein solcher Krieger ist, wird unter der Maske des Kampfes mit anderen immer sich selbst bekämpfen, denn er wird seine eigenen ungelösten Elemente auf sie projizieren. In jedem Menschenwesen gibt es, bevor die Integration vollzogen ist, jenen Schatten der Ohnmacht, der von der Zersplitterung rührt. Wenn wir diesen Schatten auf andere projizieren, werden sie zu einem bedrohlichen Spiegelbild dessen, was uns – wie wir fühlen – unsere Kraft und unser Sein rauben will. Bevor wir nicht mit diesem Schatten in uns selbst ringen, ihn zu integrieren lernen und unsere Kraft in der inneren Ganzheit finden, so lange wird der Kampf mit anderen niemals wirklich zu gewinnen sein.

In vielen Dingen können euch die Eingeborenenvölker Einsichten, wichtige Strategien und notwendige Lektionen anbieten. Gleichzeitig sind die alten Kulturen dabei, zu vergehen, so daß sie wiedergeboren werden können. Trauert ihnen nicht nach, sondern versucht ein Werkzeug ihrer Wiedergeburt zu sein. Dieses Vergehen geschieht auf organische Weise, und unrecht ist nur, sie aus Mangel an Weisheit und aus Gier zu töten und für ihre Wiedergeburt keinen Raum zu lassen. Auch eure Kultur ist am Vergehen. Im Schoß einer jeden Kultur, sei sie modern oder traditionell, schlummert die Saat der neuen. Es bedarf euer beider, um diese Samen zur Empfängnis und zur Geburt zu bringen. Laßt euch nicht dazu verleiten, nur dem Alten zu dienen, das seinen Tod und sein Verschwinden fürchtet, sei es in eurer oder einer anderen Kultur, sondern dient dem sich in jeder Kultur entfaltenden Geiste. Es gibt vieles in den Kulturen, die zur Zeit auf der Erde leben, was unangemessen ist — in einigen mehr, in anderen weniger. Versteht dies, lernt daraus, geht weiter und erschafft nach euren besten Kräften gemeinsam eine Kultur menschlicher Einheit, in der Angemesseneres entstehen kann.

Kapitel 3

(John – und die geistigen Mächte, deren Sprecher er ist – haben unerschütterliches Vertrauen und Optimismus, was die menschliche Zukunft betrifft. Manchmal, wenn ich dies mit anderen teile, werde ich von dem Standpunkt aus angegriffen, von dem aus man so viel Gefahr und Unterdrückung in der Welt sieht und das Gefühl bekommt, daß es wenig Anlaß zu Optimismus gebe. Als ich wußte, daß ich dieses Büchlein zusammenstellen würde, dachte ich mir, daß ich John hierzu befragen könnte. Im wesentlichen waren die Fragen: „Welche Gefahren siehst du in den achtziger Jahren auf uns zukommen? Wie siehst du das Übel in der Welt? In welcher Weise könnte die geistige Sicht für die Weltsituation bedeutsam sein?)

Ich erkenne, daß deine Frage auch das weitere Gebiet umfassen soll, wie man während des nächsten Jahrzehnts ein realistischer Diener in eurer Welt sein kann, und daß du es veröffentlichen willst. Laß uns daher das Thema näher betrachten.

Uns geht es hier nicht um Prophezeiungen, sondern um die Fähigkeit, auf Ereignisse im individuellen und weltweiten Rahmen durch rechtes Eingestimmtsein geschickt und angemessen reagieren zu können. Oft ist es so in der Geschichte, daß Individuen, wenn sie aus einer bestimmten Richtung eine Gefahr auf sich zukommen sehen, entsprechende Vorsichtsmaßnahmen ergreifen, nur um dann zu ihrem Leidwesen zu entdecken, daß eine weitere Gefahr aus einer ganz unerwarteten Richtung droht. Da sie ihre Aufmerksamkeit, ihre Energie und ihre Vorsorge nur in eine Richtung gelenkt haben, sind sie nicht darauf vorbereitet, dieser neuen Bedrohung zu begegnen, die vielleicht an sich nicht so groß ist wie die erste, aber dadurch, daß sie unerwartet kommt, gefährlicher wird.

Ganz allgemein gesagt ist es nicht unsere Absicht, euch viele verschiedene Gefahren und bevorstehende Bedrohungen auszumalen, damit ihr nicht darauf fixiert werdet. Solche Fixierungen bewirken nur, daß ihr auf ein bestimmtes Problem eingestimmt seid und auf alle erdenklichen Lösungen dafür, anstatt auf den euch innewohnenden Geist, euren Glauben an den Geliebten und euren Sinn für Gemeinschaft und schöpferische Zusammenarbeit. Eure Fähigkeit, geschickt zu reagieren, wird durch die Fixierung auf eine äußere Bedrohung gelähmt, anstatt daß sie durch eine ausgewogene Zentrierung in eurem höheren Sein gestärkt würde.

Einige der Herausforderungen, denen ihr als Volk begegnen werdet, werden für euch offensichtlich sein; ihr könnt die Schatten, die sie vorauswerfen, jetzt schon erkennen. Andere werden subtilerer Art sein und sich, wenn überhaupt, nicht so klar ankündigen. Diese werden sich dadurch, daß sie so plötzlich und unerwartet kommen, aber vielleicht gerade als die schwierigsten erweisen. Weder mir noch meinen Mitarbeitern ist es möglich, diese Schwierigkeiten genau vorherzusagen. Desgleichen gibt es aber auch Quellen der Hilfe und Offenbarung, die sich unerwartet auftun werden. Unsere Aufgabe besteht nicht darin, sie euch in allen Einzelheiten darzulegen, sondern euch mit einem übergreifenden Muster zu beschenken. Das kommende Jahrzehnt wird hohe Anforderungen an euch stellen, aber für die, die sie wahrnehmen können, werden auch genügend Beweise geistiger Hilfe gegeben werden.

Die Verwundbarkeit der Vereinigten Staaten und der Welt als ganzer liegt in ihrer psychischen Depression, welche eine Vision der Konfrontation und Hoffnungslosigkeit mitschwingen läßt. Ihr, die ihr in den wohlhabenden Ländern lebt, seht in der Zukunft die Möglichkeit einer Konfrontation, so zum Beispiel mit der Sowjetunion. Für uns ist dies eine Frage von nebensächlicher Bedeutung, die die Aufmerksamkeit von grundlegenderen planetarischen Problemen ablenkt. Ein Schlüsselbereich der Herausforderung ist für uns, daß drei Viertel der Weltbevölkerung oder noch mehr in Hoffnungslosigkeit leben und in einen Kampf des menschlichen Geistes zur Überwindung großer materieller und seelischer Schwierigkeiten verwickelt sind. Für diese Menschen geht es um das nackte Überleben, und ihr Kampf durchpulst das Unbewußte eurer ganzen Rasse mit einer entsprechenden Vibration. Auf diese Weise durchdringen, ganz gleich wo ihr lebt, Schwingungen von Kampf voller Hoffnungslosigkeit, mit Aussicht auf kaum etwas anderes als den sicheren Tod. Diese Schwingung erfüllt eure Welt mit einem Trägheitsmoment von Fatalismus und Niedergeschlagenheit, das selbst diejenigen von euch beeinflußt und in Mitleidenschaft zieht, die vom Problem körperlichen Überlebens gar nicht direkt betroffen sind. Diese Schwingung wirkt sich darauf aus, wie ihr eure Probleme seht, und auf die Inspiration und Zuversicht, mit der ihr ihnen begegnen könnt.

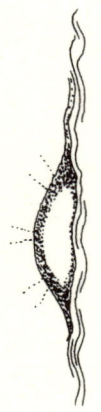

Solange diese durchdringende Energie der Hoffnungslosigkeit da ist, besteht auch eine Empfänglichkeit für Vorstellungen von Vernichtung und eine Unfähigkeit, sie auf angemessene Weise umzuwandeln. Ängste, sowohl bestimmter wie auch unbestimmter Art, durchziehen die Herzen und Sinne eurer Menschen, bedrohen eure schöpferischen Kräfte und errichten einen Nebel oder Schleier, durch den hindurch wir Arbeiter in den Reichen des Geistes wirken müssen, und der unsere Bemühungen um euch in ihrer Wirksamkeit schwächen

kann. Dieses entscheidende planetarische Problem wird sich nicht eher lösen, als bis jene Mitglieder der Menschheit, die frei vom täglichen Kampf ums Überleben und mit Überfluß gesegnet sind und die sich deshalb mit umfassenderen Sphären der Kreativität und Vision in Einklang bringen können, ihre Energien darauf lenken, jenen zu helfen, die ohne Hoffnung sind, indem sie ihnen Hoffnung und wirkliche Hilfe bringen.

Auf unserer Ebene setzen wir natürlicherweise Leben nicht mit einem physischen Körper gleich; folglich ist für uns der Verlust eurer körperlichen Form nicht in der Art eine Tragödie, wie er es für euch sein mag. Der Tod von Millionen von Menschen ist nicht an sich eine Tragödie für uns, denn er bedeutet einfach ihre Geburt in unsere Sphäre. Was jedoch eine Tragödie ist, ist der Verlust auch nur eines Menschen, weil entweder Linien der Trennung gezogen worden sind, welche die Liebe, das Miteinander-Teilen und die menschliche Gemeinschaft ausschließen, oder weil es Angst, Nachlässigkeit und Feindschaft erlaubt worden ist, eure Handlungen zu bestimmen. Multipliziert mit Tausenden und Millionen von Menschen wird dies zu einer riesigen planetarischen Katastrophe, die die innere schöpferische Umwelt mit Schwingungen der Wut und Angst, Hoffnungslosigkeit und Depression verseucht. Ihr alle, und wir alle, leiden darunter. Der Mangel an gewissen inneren Qualitäten wie Liebe und Fürsorge, die Zeit und Raum überschreiten, hält in einer Weise durch die menschliche Rasse wider, wie einfache äußere Handlungen dies nicht vermögen. Ihr begegnet nicht den Geistern der Verstorbenen, aber ihr begegnet den Geistern zurückgewiesener und versäumter Gelegenheiten, eure menschliche Ganzheit und Einheit zu stärken. Ihr begegnet den Geistern jener Taten und, was am allerwichtigsten ist, jener Einstellungen, die Zersplitterung und Trennung nähren.

Für viele Menschen in eurer Welt ist der Tod ein großer Segen, vielleicht ihr einziger. Tatsächlich ist der Tod als ein Diener des Lichts und des Lebens in euer Reich gebracht worden, bis zu der Zeit, da die Menschheit genügend Weisheit entwickelt hat, um zu wissen, wie sie in der Verkörperung leben kann, ohne von Kräften der Kristallisation und Trägheit gefangengenommen zu werden. Diese Kräfte sind nicht notwendigerweise schlecht, denn zu ihrer Zeit und an ihrem Ort dienen auch sie Gottes übergreifendem Plan. Wenn sich euer Bewußtsein jedoch auf diese Kräfte ausrichtet, könnt ihr von ihnen eingefangen werden, und das höhere Gut eurer Entwicklung und eures Wachstums wird euch versperrt. Deshalb sind eurer Verkörperung natürliche Grenzen auferlegt, die eurer physischen Form nicht von Natur aus angeboren sind. Eurem physischen Körper wäre es möglich, ohne Verlust an Vitalität viele Jahre länger zu leben und zu funktionieren, als es jetzt normalerweise der Fall ist; Lebensalter von mehreren hundert Jahren wären die Regel, nicht die Ausnahme. Zum gegenwärtigen Zeitpunkt würde der Großteil der Menschheit jedoch nicht wissen, was er mit dieser Zeitspanne anfangen sollte, außer daß er sich nur noch stärker in die karmischen Bande der Form verstricken würde und in Handlungen, die das Wachstum begrenzen. Wenn ihr Gedankenformen der Gier und Trennung, der Angst und Trägheit mit eurer Energie speist und verwirklicht, so ist es besser, die physische Verkörperung abzukürzen, um euer Wesen für eine höhere Ebene freizumachen, als die physische Verkörperung Hunderte von Jahren mit dem daraus resultierenden Schaden für eure innere Bewußtheit fortzusetzen. Der Tod ist die kreative Zerstörung der Gewohnheiten. Deshalb gibt es in eurer inneren Beschaffenheit, in eurem individuellen und kollektiven Unbewußten Faktoren, die desintegrierend auf die physische Form wirken und so Altern und Tod verursachen. Für den Augenblick dient dies euren Zwecken; eines Tages wird es dies nicht mehr tun, und der Tod wird wahrhaftig aus eurer Welt verschwinden. Zum gegenwärtigen Zeitpunkt kann, wie gesagt, der Tod für viele Menschen, die keine Hoffnung haben, eine Befreiung in eine Sphäre hinein sein, in der Hoffnung die Essenz des Lebens ist.

Ihr meßt geistigen Prophezeiungen große Bedeutung bei, die von Veränderungen der Erde oder von Konflikten sprechen, welche zu großen Zerstörungen und Verlusten an Menschenleben führen könn-ten. Für uns sind solche Ereignisse relativ unwichtig. Wo ihr in äußeren Ereignissen nach Tod und Verwüstung ausschaut, da blicken wir auf das innere Milieu, in dem die Menschheit lebt, und sehen das-selbe. Wir sehen, wie das Bewußtsein es vorzieht, sich in sich selbst zu zersplittern und sich von anderen abzuspalten, im Interesse des-sen, was es sein eigenes Wohlergehen und seine Sicherheit nennt. Wir sehen, wie es sich von der Fürsorge für die anderen Glieder seiner eigenen Ganzheit freispricht, und wir sehen, wo dies den Tod im Leben erzeugt. Wir sehen, wie der Boden der Liebe entlang der Verwerfungslinien von Unwissenheit und Angst auseinanderreißt, und wir sehen, wie die entstehenden Abgründe der Verzweiflung Men-schenleben verschlingen. Wir sehen, wie Kriege innerer Absicht geführt werden, die die Menschen nicht äußerlich töten, die jedoch ihren Geist morden und sie von ihren höheren Seinsprinzipien abschneiden, von Freude, Hoffnung und Kreativität. Wir sehen, wie sie zu seelischen, emotionalen Opfern werden.

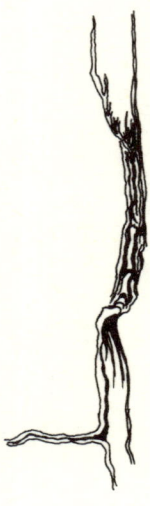

Wir sehen, wie ihr euch täglich eure eigenen Harmagedons* schafft. Dies ist für uns das Übel in eurer Welt. Die Menschen neigen dazu, nach mächtigen äußeren Kräften zur Erklärung auszuschauen, ein satanisches Wesen zu sehen, das sie zur Quelle allen Übels machen können, oder bei denen, die in eurer Welt Macht und Einfluß haben, Anzeichen von Verschwörungen zur Kontrolle und Manipula-tion zu sehen. Für uns liegen die Quellen des Übels in jedem mensch-lichen Herzen und Bewußtsein, und sie heißen Angst und Trägheit. Die Haltungen, die daraus resultieren, lassen euch eure persönlichen und kollektiven Energien gegeneinander richten, anstatt daß ihr ver-

* S. Offenbarung 16,16; Anm. d. Übs.

sucht, einander zu verstehen und in Austausch zu treten. Es ist wahr, daß es gewisse Wesen und Orte gibt, wo dieses Übel sich häuft, und daß es – zum großen Teil aus der Menschheit selbst stammende – Intelligenzen gibt, die im Leid eine Energie finden, welche sie als eine Art Lebenskraft benutzen können, die ihnen erlaubt, eine Illusion der Trennung von und der Macht über das größere Ganze aufrechtzuerhalten. Eine solche Trennung kann jedoch nicht von Dauer sein, denn das Gleichgewicht wird immer wieder hergestellt. Diese Kräfte können jedoch fortdauern lassen, wenn ihr euch nicht täglich selbst für die Wurzeln von Harmagedon entscheiden würdet – für die Einstellungen und Handlungen, durch die ihr euer Leben strukturiert.

Eine Menge Geglitzer, Drama, Spekulation, Angst und Nervenkitzel umgibt das Interesse, das viele Menschen an Voraussagen über die Zukunft haben, besonders wenn es sich um Voraussagen von Krieg oder Untergang handelt. Oft hegen sie im Hintergrund ihres Bewußtseins das Gefühl, daß diese Dinge „dort draußen" und nicht ihnen selbst geschehen werden, oder aber sie möchten wissen, was vielleicht geschieht, um für sich einen sicheren Platz finden zu können. Ich kann jedoch mit Zuversicht sagen, daß es keinen Platz auf der Welt gibt, wohin irgendjemand gehen könnte, wo er oder sie sicher wäre. Die Gefahren und Herausforderungen sind nicht physischer Art. Wohin wollt ihr gehen, um frei zu sein vom inneren Schrei der Menschheit nach Hilfe und Trost? Wohin wollt ihr gehen, wo euch die psychischen Gifte der Angst oder Hoffnungslosigkeit nicht erreichen könnten? Und warum wollt ihr euch unbedingt dagegen abschirmen? In Wahrheit gibt es nur einen Ort, und das ist die Ausrichtung auf Gott und den Geist. Diese Ausrichtung ist verbunden mit einer Kraft, die nicht versucht, diese Gifte der Seele zu meiden, sondern die sie aufnimmt, die sie heilt, und die hinausreicht um zu helfen und an sich selbst teilhaben zu lassen. Es ist eine Ausrichtung auf die Gegenwart des Friedens, geboren aus der Bemühung eines jeden, im Dienst aneinander und an der Welt von sich selbst zu geben.

Wenn ich sage, daß innerhalb einer gewissen Zeit – sagen wir innerhalb von fünf Jahren – die Westküste eures Landes von Erdveränderungen heimgesucht und die Ostküste von Überschwemmungen verwüstet wird, und daß andere Teile des Landes unter sozialen Umwälzungen leiden werden, was heißt das schon? Was für einen Wert hat diese Information? Was werdet ihr tun, angenommen es stimmt? Was könnt ihr tun? Hilft es euch dabei, in Verbindung mit eurer eigenen inneren Kraft zu kommen, mit eurer Fähigkeit zu heilen, zu segnen und eure Zukunft zu verändern, oder macht es euch nur ängstlich und um euch selbst besorgt? Macht es euch toleranter, verständnisvoller, kommunikativer, offener dafür, Gemeinschaft mit anderen aufzubauen? Macht es euch offen für die wichtigen Dienste und Taten, die eure Welt braucht? Was bewirkt diese Voraussage, was uns irgendwie interessieren oder unserem Ziel dienen könnte – unserem Ziel, die Menschen in ihrem gegenseitigen Dienen zu bestärken und die Macht der Liebe in eurer Welt zu vergrößern? Natürlich wird eure Gesellschaft durch mancherlei Umwälzungen gehen. Das ist so bestimmt und für eine Gesellschaft und einen Planeten, die sich in einem Prozeß der Umwandlung befinden, natürlich und notwendig. Wenn alles Vertraute bleibt wie es ist, was hat sich dann gewandelt? Andererseits habt ihr die Kraft, die Zukunft mitzuerschaffen, und wir möchten, daß ihr diese Kraft entdeckt und gebraucht, nicht mit dem Ziel, Katastrophen zu vermeiden, sondern um das Wohlergehen der Menschheit zu mehren. Dieser Kraft, richtig verstanden und angewandt, müssen sich alle Prophezeiungen beugen.

Wenn ich sage, daß sich in der Zukunft bestimmte Dinge ereignen werden, dann wird sich eure Aufmerksamkeit darauf richten, aber ich kann nicht alles voraussagen, was geschieht. Ich kann keinen Katastrophenkalender aufstellen, der euch Tag für Tag, Monat für Monat alles ankündigt, was sich ereignen wird. Wie schon gesagt: wenn eure Aufmerksamkeit auf eine prophezeite Gefahr gerichtet ist, wie steht es dann mit der subtilen, verborgenen Bedrohung oder der unerwarteten Herausforderung, die aus einer ganz anderen Richtung kommen mag? Wir möchten, daß ihr stattdessen lieber eine sensitive Wachheit in bezug auf eure Gegenwart entwickelt und euch in der inneren Ausrichtung auf den Geist übt, die euch Gelassenheit, Heiterkeit und inneres Gleichgewicht gibt und die Fähigkeit, Herausforderungen aus jedweder Richtung ohne Verlust an Liebe oder Kraft geschickt zu begegnen.

Das Universum arbeitet mit euch und für euch. Es ist nicht euer Feind. Findet euer Zentrum in der Güte des Alls, und ihr werdet den Herausforderungen der Zukunft begegnen können. Ihr braucht keine geistige Macht, welche euch von den Herausforderungen berichtet, die ihr selbst sehen könnt. Natürlich gibt es die Gefahr von Krieg in eurer Welt, das ist offensichtlich. Natürlich gibt es Mächte, die eure Freiheit einschränken und euer Bewußtsein und eure Körper für ihre Zwecke beeinflussen und benutzen wollen. Ihr braucht keine geistige Macht, die euch darauf hinweist, daß diese Dinge existieren. Alles was ihr braucht ist die geistige Unterscheidungskraft eurer eigenen Weisheit und eurer geschärften Wahrnehmung.

Was also werdet ihr angesichts dieser Gefahren tun? Ihr braucht keine geistige Macht, die euch sagt, daß ihr nach Frieden streben und die Freiheit stärken sollt, und daß ihr diese Qualitäten verkörpern und sie anderen als Geschenk darbringen sollt. Ihr braucht keine geistige Macht, die euch sagt, daß viele der Werte eurer Gesellschaft mit Elementen des Lebens zu tun haben, die in Wirklichkeit wertlos sind, die dem gesamten Wohlergehen der Welt in keiner Weise dienen. Ihr braucht keine geistige Macht, die euch empfiehlt, diese Elemente aufzugeben oder sie zumindest aus einem anderen Blickwinkel zu betrachten. Ihr braucht keine geistige Macht, die euch empfiehlt, nach anderen, ganzheitlicheren und gesünderen Werten zu suchen. Ihr braucht keine geistige Macht, die euch sagt, daß ihr in Harmonie mit dem Land leben sollt, denn es ist offensichtlich, daß ihr, wenn ihr es nicht tut, unter den Folgen zu leiden habt. Ihr braucht keine geistige Macht, die euch sagt, daß ihr in Harmonie miteinander leben sollt, denn es ist offensichtlich, daß, wenn ihr es nicht tut, eure Gemeinschaften auseinandergerissen werden.

Was wir euch jedoch anbieten, ist eine Energie und eine Vision. Wir sehen, wie ihr in Strömungen der Hoffnungslosigkeit gefangen und von der Gefahr hypnotisiert seid. Wir möchten eure Wahrnehmung oder eure Wachsamkeit für das, was ihr tun müßt, um eure Welt zu verbessern, nicht verringern. Wir möchten euch dabei helfen, euren inneren Schutz, eure innere Sicherheit und Ganzheit besser wahrzunehmen. Wir möchten eure Hoffnungsfreudigkeit stärken, denn wenn ihr eure Trägheit und Angst nicht überwinden könnt, habt ihr keine Hoffnung. Wenn ihr nicht die innere Kraft und Freude, die Ausdauer und grenzenlose Energie findet, um eure alten Grenzen in Frage zu stellen und zu überschreiten, dann riskiert ihr, daß eure schlimmsten Träume Wirklichkeit werden.

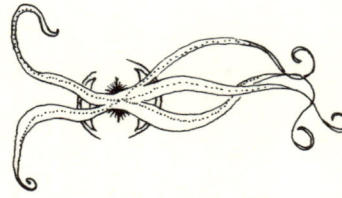

Das bevorstehende Jahrzehnt wird euch als menschliche Wesen an allen Fronten eures Lebens herausfordern: körperlich, emotional, intellektuell, geistig, wirtschaftlich, sozial und politisch. Und doch wird es inmitten all dessen eine wachsende Anzahl von Menschen geben, die im Wesentlichen unberührt bleiben, die eine Quelle des Schutzes, der Sicherheit und neuer Visionen sein werden und deren Energie in die Erforschung und Erschaffung von Alternativen fließen wird. Diese

Menschen werden Gefäße unseres Geistes und ihres eigenen hohen Geistes sein, und sie werden verkünden, daß es Hoffnung gibt, und daß die Zukunft nach dem Bilde des Göttlichen neu erschaffen werden kann. Die Verantwortung und Herausforderung, welcher die Jünger des Lichts gegenüberstehen, besteht darin, herauszufinden, wie man sich auf dieses schöpferische Bemühen ausrichten, es kommunizieren, ausweiten, mitteilen und demonstrieren kann. Es ist eure Verantwortung als Menschen, für euch selbst herauszufinden, wie ihr dies tun könnt. Das neue Zeitalter ist das Zeitalter eurer geistigen Reife, wo ihr uns weder braucht, damit wir euch das Offensichtliche aufzeigen, noch damit wir euch darin anleiten, euer Höchstes zu leben; es ist ein Zeitalter, wo wir einander das Beste aus unseren jeweiligen Perspektiven und Energien darbringen und gemeinsam schöpferisch sein können.

In den kommenden Zeiten wird es euch nicht helfen, wenn ihr euch von den Sünden und Übeln der Welt emotional überwältigen laßt, wenn ihr den Schaden, den die Menschen einander und der Welt zufügen, bejammert oder euch in Schuldkomplexe verstrickt. Das sind verblendete und eitle Reaktionen, die gewöhnlich aus eurem Bemühen kommen, euren eigenen Schmerz und die Energien, die euch verwandeln wollen, zu vermeiden, indem ihr euch auf unbedeutendere Gefühle konzentriert. Was gebraucht wird ist präzises, angemessenes, geschicktes, weises, liebevolles und heiteres Handeln, Denken und Eingestimmtsein, voller Kraft und offen für den wahren Schmerz eurer Zeit und für die Möglichkeiten, diesen Schmerz zu heilen. Jener universelle Geist, den ich den Christus nenne, gießt seinen grenzenlosen Geist über alle Völker aus, über das Land und über eure Welt als Ganzes. Es ist an euch, diesen Geist nach besten Kräften in euren Handlungen, Gedanken und Beziehungen nach außen zu tragen. Wenn ihr dabei in Konflikt oder Konfrontation mit Menschen, Institutionen und Kräften geratet, die außerhalb von euch sind, dann tut dies ohne Konflikt in eurem Herzen und Bewußtsein. Tut es, ohne diese Menschen für weniger als eure Brüder und Schwestern anzusehen, sondern als einen Teil eurer Ganzheit. Tut es, ohne dabei eure Vision der letztendlichen Harmonie aller Dinge zu verlieren. Wenn ihr eure gemeinsamen Feinde, die Angst und die Trägheit, anpacken könnt – auch wenn ihr dies könnt, ohne die Form eines anderen Menschen annehmen –, wenn ihr dies könnt, ohne den anderen zu fürchten und ohne zu versuchen ihn auszustechen, dann werden eure Konfrontationen zu einem beiderseitigen Ringen mit einem gemeinsamen Feind werden, und ihr werdet dann Mittel und Wege der Konfliktlösung entdecken, die auf der grundlegenden Einheit, die ihr mit anderen teilt, beruhen. Letzten Endes sind alle Menschen Verbündete in dem einzigen Kampf gegen Angst und Trägheit. Laßt euch von dieser Idee in allen Konflikten leiten, in die ihr geraten mögt, und durch alle Herausforderungen und Gelegenheiten dieses Jahrzehnts.

Wenn ihr den Herausforderungen der kommenden Jahre begegnet und euch der günstigen Gelegenheiten und Entwicklungen erfreut, die auch kommen werden, so erinnert euch der Gegenwart des Geistes. Wir sind als Mitschaffende bei euch. Wir blicken mit Achtung, mit Liebe und mit unserer eigenen Freude auf den Geist in euch, denn wir wissen, daß es dieser Geist ist, der eure Welt verwandeln wird. Zweifelt nicht daran, sondern seid froh und guten Mutes. Die Zukunft kann nichts anderes sein als der Schatten eurer Gegenwart. Schaut auf die Gegenwart, auf euer Leben genau jetzt, denn hier lebt der Geist und die Kraft, die ihr sucht. Möge der Segen dieses Geistes euer Leben und eure Vision bereichern und die tägliche Entfaltung der Welten sein, die wir miteinander teilen.

Teil II

ZUSAMMENARBEIT
MIT DEM GEIST

Weitere Gespräche mit John

EINFÜHRUNG

Vor zwei Jahren haben wir „Gespräche mit John" veröffentlicht – ein Büchlein mit Mitteilungen eines nichtphysischen Freundes von mir, eines Bewohners der geistigen Welten. Anlaß dafür war der Beginn der achtziger Jahre. Angesichts der Bedeutung des neuen Jahrzehnts dachte ich, daß einem nützlichen Zweck gedient wäre, wenn ich einige der Einsichten und die Zukunft betreffenden Botschaften, die John von seiner Perspektive aus angeboten hatte, mit einem größeren Kreis von Menschen teilen würde. Das Echo, das dieses Material hervorrief, übertraf alle meine Erwartungen: das Büchlein fand Eingang in Schulen, Kirchen, Regierungsbüros und Botschaften; am wichtigsten war jedoch, daß es Tausende von einzelnen und Familien erreichte. Es stellte sich heraus, daß Johns optimistische Vision von unserer Zukunft und sein Aufruf zu kreativem und bedachtsamem Dienst an einer im Entstehen begriffenen planetarischen Kultur für viele Menschen einen positiven Ton angeschlagen hatte.

Es hat seither viele Anfragen gegeben, wann der zweite Teil von „Gespräche mit John" herauskommen würde. Ich hatte dabei ein zwiespältiges Gefühl. Einerseits freue ich mich, mit anderen den Gewinn zu teilen, den ich aus meiner Verbindung mit John und aus seiner Art, die Weltangelegenheiten zu sehen, gezogen habe. Und in der Tat ist es eines meiner längerfristigen Vorhaben, schließlich ein Buch herauszubringen, das unsere Beziehung schildert und das die spirituelle Kosmologie, die John mir über die Jahre hinweg übermittelt hat, vollständiger und übersichtlicher darstellt.

Andererseits haben weder John noch ich den geringsten Wunsch, uns auf ein Muster einzulassen, wie es im Genre der Durchgaben von Geistwesen oft geschieht, nämlich eine jährliche Reihe von Prophezeiungen herauszugeben oder die Sucht nach dem Faszinierenden solcher Durchgaben irgendwie befriedigen zu wollen. John hat durch das im ersten Büchlein veröffentlichte Material recht klar zum Ausdruck gebracht, daß wir keine geistigen Wesenheiten oder Mächte brauchen, die uns sagen, was mit unserer Welt nicht in Ordnung ist oder wie unangenehm unsere Zukunft werden könnte; vielmehr müssen wir unsere innere Urteilskraft entwickeln, damit wir sehen können, was in unserer Welt zu tun ist, und auch den Mut aufbringen, entsprechend zu handeln. Was Prophezeiungen angeht, sagt John folgendes:

Uns geht es nicht um Prophezeiungen, sondern um die Fähigkeit, auf Ereignisse im individuellen und weltweiten Rahmen durch rechtes Eingestimmtsein geschickt und angemessen reagieren zu können.... Es ist nicht unsere Absicht, euch verschiedene Bedrohungen und bevorstehende Herausforderungen vor Augen zu halten, damit ihr euch nicht darauf fixiert. Solche Fixierungen bewirken, daß ihr auf ein bestimmtes Problem eingestimmt seid und auf alle erdenklichen Lösungen dafür, nur nicht auf den euch innewohnenden Geist, euren Glauben an Gott, den Geliebten, und euren Sinn für Gemeinschaft und schöpferische Zusammenarbeit. Eure Fähigkeit, gut und angemessen zu reagieren, wird durch eine solche Fixierung auf eine äußere Bedrohung gelähmt, anstatt daß sie gestärkt würde, wie es der Fall ist, wenn ihr fest und sicher in eurem höheren Sein verankert seid.

Ich wollte, kurz gesagt, nicht die Erwartung wecken, daß John (und Lorian) für jedes neue Jahr eine Sammlung von Gesichten und Prophezeiungen herausgeben würden, noch wollte ich für John als eine Autoritätsfigur werden, die von hoch droben aus den geistigen Welten spricht. Er ist ein Freund, der näher am Zentrum der göttlichen Liebe arbeitet und eine umfassendere Sicht auf das Leben hat, als das bei den meisten Menschen der Fall ist, — jedoch auch mit seinen eigenen Grenzen. Wie er oft gesagt hat, brauchen er und seine Mitarbeiter in den geistigen Welten uns und unsere menschliche Sichtweise ebenso sehr, wie wir sie brauchen. Es geht ihnen darum, ein Miteinander zu fördern und nicht eine einseitige Abhängigkeit.

Ihnen ist daran gelegen, unser menschliches Autoritätsgefühl und unseren Sinn für schöpferische Zusammenarbeit zu unterstützen, so daß wir uns gegenseitig stärken und zum Wohle unserer Welt zusammenarbeiten können.

Dennoch wurde ich ständig ermuntert, mehr von Johns Einsichten mitzuteilen, und im Laufe der Zeit ist in mir das Gefühl gereift, daß eine weitere kleine Veröffentlichung angebracht wäre. Die Frage war nun, welche Themen angesprochen werden sollten.

Ich sollte vielleicht voranstellen, daß ich mit John auf zweierlei Weise in Verbindung trete. Die eine, bei der der Bilder und Einsichten durch die Verbindung, die wir miteinander haben, zwischen uns fließen können, ist persönlicher Art. Diese Methode ist jenseits aller verbalen Sprache. Eine solche Kommunikation kann jederzeit und unter jeglichen Umständen stattfinden, aber wenn ich möchte, daß sie präziser und tiefer ist, muß ich meine äußeren Tätigkeiten eine zeitlang beiseite lassen und durch Meditation eine viel tiefere und engere Verbindung mit John herstellen. Bei dieser Methode bleibt John sozusagen, wo er ist, und ich nehme Verbindung mit seiner Welt auf. Es ist ein wenig wie ein Telefongespräch ins Ausland.

Die zweite Methode ist eher wie ein Gespräch von Angesicht zu Angesicht; John verläßt dabei seine Welt und tritt in die unsere ein. Um dies zu ermöglichen, muß ich mich in einen Zustand der Meditation begeben und ihn „auf halbem Wege" treffen. Ich trete nicht in einen Trancezustand ein, noch „tritt er in meinen Körper ein" oder benutzt diesen auf irgendeine Weise, sondern mein Wesen wird zu einem Mittel, durch welches er in der Lage ist, sich auf unsere Welt einzustimmen und ein Teil davon zu werden. Er und ich gehen eine sehr enge Identifikation ein, so daß ich gewissermaßen ebenso in sein Wesen „eintrete" und die Dinge aus seiner Perspektive sehen kann. Aus diesem Zustand der Verschmelzung heraus sprechen er und ich als ein Wesen, indem wir seine Wahrnehmung, aber meinen Wortschatz und meine Stimme gebrauchen (wenn auch der Sprachstil von meinem eigenen sehr verschieden ist). Hieran können andere teilnehmen, indem sie Fragen an John richten oder Kommentare abgeben, und aus diesen formalen Sitzungen, die auf Tonband aufgenommen werden, stammen die Aufzeichnungen in unseren Archiven, und auch das Material für „Gespräche mit John" wurde größtenteils daraus entnommen.

In den Jahren 1978 und 1979, als „Gespräche mit John" in Vorbereitung war, hatten wir häufig Sitzungen mit John, in denen er seine Aufmerksamkeit in erster Linie dem Weltgeschehen widmete. Dieses wurde deshalb zum Thema jener Veröffentlichung. In den letzten Jahren hingegen hatte John über Politik und Ereignisse auf internationaler Ebene vergleichsweise wenig zu sagen. Tatsächlich hatte ich in den letzten Monaten den Eindruck, daß John viel von seiner Aufmerksamkeit von unserer Welt abgezogen hat, um sich auf Angelegenheiten seines eigenen Bereichs zu konzentrieren. Als Folge davon hatten wir viel weniger formale Gespräche mit ihm, und oft vergingen zwischen den einzelnen Sitzungen zwei bis drei Monate und manchmal sogar noch mehr. Es wurde deshalb schwieriger, ein angemessenes Thema für dieses Büchlein zu bestimmen, da es kein durchgängiges Thema oder irgendeine übergreifende Botschaft gab, die John zu vermitteln suchte. Wir haben zwar Dutzende von Themen und Sachgebieten in unseren Archiven, auf die wir zurückgreifen könnten, aber es erschien uns wichtig, etwas zu wählen, das in einem kurzen Büchlein behandelt werden konnte und das einem dringenden Bedürfnis in unserer Welt entsprach.

Ich arbeitete gerade an einem Artikel für unsere Lorian-Zeitschrift über die Bedeutung der Spiritualität bei der Begegnung mit den Herausforderungen unserer Zeit, als mir eine Idee für das Thema dieses Büchleins kam. Was hatte John zu der Frage gesagt, was wir tun könnten, um Wesen wie ihm und seinen Mitarbeitern bei ihrer Arbeit mit unserer Welt zu helfen, oder was würde er vielleicht dazu sagen wollen? Wie können wir am besten mit den geistigen Welten zusammenarbeiten? Nachdem ich darüber ein wenig nachgedacht und mir ein paar Notizen gemacht hatte, setzte ich mich mit John in Verbindung, um seine Meinung darüber zu hören, und er stimmte mir bei und ermutigte mich zu meinem Vorhaben. So kam es also zum Titel dieses Büchleins: Zusammenarbeit mit dem Geist. Es reißt das Thema wirklich nur an, und wenn es auch nicht übermäßig auf Techniken oder vorgezeichnete Schemata eingeht, so bietet es doch einige Perspektiven, von denen ich glaube, daß sie hilfreich sein werden. In einer Zeit, in der das Elend unserer Welt in ihrer Getrenntheit und Zerrissenheit liegt, repräsentieren die geistigen Welten einen Brennpunkt des Bewußtseins und der Energie, der sowohl in ihrer Ganzheit wahrnimmt als auch handelt. Dieses Bewußtsein in unser

tägliches Leben einzubeziehen und diese Energie zur Verfügung zu haben, ist das größte Geschenk, das wir zur Gesundung unserer Zeit beitragen können.

David Spangler
Oktober 1982

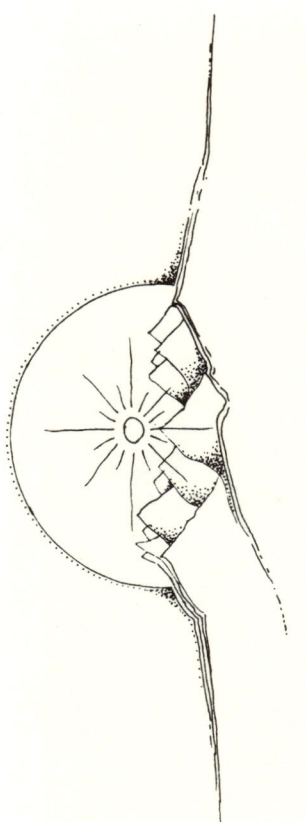

DIE VISION DER ZUSAMMENARBEIT

Ihr wünscht unsere Ansicht über die Zusammenarbeit mit dem Geist zu erfahren. Das ist ein weites Thema und Gegenstand vieler Interpretationen, denn in der menschlichen Welt gibt es vielerlei Definitionen dessen, was Geist ist, und noch viel mehr Ideen darüber, wie man mit ihm in Interaktion treten könne. Dennoch will ich als einer, den ihr einen Geist nennen würdet und der mit eurer Welt zusammenarbeiten will, euch sagen, wie diese Zusammenarbeit aus meiner Sicht aussehen könnte. Ich erhebe nicht den Anspruch, für alle Bereiche zu sprechen, die über euren eigenen hinausgehen. Es gibt jedoch gewisse Prinzipien, die angesprochen werden können, und ich kann euch auch mitteilen, auf welche besondere Weise ich und meine Mitarbeiter menschlicher Unterstützung bedürfen. Noch wichtiger ist mir, euch die Wesensart unserer Interessen verständlich zu machen und unsere Vision dessen, was das Leben in der Welt zu dieser Zeit zu vollbringen sucht; dann werdet ihr klarer erkennen, was Zusammenarbeit für uns bedeutet, und was ihr tun könnt, und was ihr tun könnt, um zu helfen.

Laßt uns mit der Vision anfangen. Die zentrale geistige Tatsache in unserer Welt, um die herum unser Leben und unsere Aktivitäten angeordnet sind, ist, daß wir in eine Zeit der tieferen Inkarnation des Göttlichen in die Erde eintreten (oder, wenn ihr so wollt, der klareren Erweckung und Offenbarung dieser göttlichen Göttlichkeit, die die Erde in sich trägt). Wir erleben dies als das Herannahen eines großen Lebens, als eine Gegenwart ungeheuren Lichts und unermeßlicher Liebe. Es ist für uns, als hätte die Sonne ihren Platz am Himmel verlassen und käme immer näher und überflutete uns mit immer hellerem Strahlen, denn unsere Sonne ist diese Gegenwart des Göttlichen; sie ist das Zentrum, aus dem wir Nahrung und Leben beziehen.

Ihr könntet euch etwa vorstellen, daß die Sonne immer mehr von ihrer Energie auf euren Planeten ausstrahlen will, mit dem Ziel, daß die Erde selbst leuchtender wird, eine winzige Sonne, die die Eigenschaften ihres Muttergestirns vollkommener widerspiegeln kann. Um diese Strahlung aufnehmen zu können, ohne zu verbrennen, muß die Erde sich verändern, muß selbst sonnenähnlicher werden. Aus unserer Sicht ist es dies, was jetzt und schon seit mehreren euren Jahrhunderte geschieht. Die Erde wird belebt, in ihrer Schwingung beschleunigt, damit sie die Göttlichkeit, die ihre Quelle ist, in stärkerem Maße aufnehmen kann.

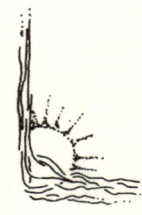

Was bedeutet diese Beschleunigung? Sie bedeutet einfach, daß die Fähigkeit des Lebens auf eurer Erde, auf die ihm innewohnende Göttlichkeit anzusprechen und sich mit dieser Göttlichkeit in anderen zu verbinden, eine Verstärkung erfährt. Sie bedeutet eine Steigerung des Bewußtseinsflusses in eurer Welt, indem die Hindernisse, die sich diesem Fluß entgegenstellen, sozusagen verdünnt oder beseitigt werden. Diesen Bewußtseinsfluß könnte man als die Fähigkeit ansehen, den Standpunkt und die Perspektive anderer einzunehmen und zu teilen – eine Form der Verbindung, die das ich überschreitet und zu einer umfassenderen Erfahrung der Ganzheit des Lebens führt. Die Kraft, die hinter diesem Bewußtseinsfluß steht und ihn ermöglicht, ist Liebe oder Einfühlsamkeit, und sein Ergebnis ist ein Zustand gegenseitiger Bestärkung und Kräftigung, in welchem die Gegenwart Gottes, die nichts anderes *ist* als Stärkung und Vollkommenheit, sich zeigen kann.

Die Erde ist, wie die meisten Planeten, in ihrer Gesamtheit von vielen Dimensionen des Lebens umschlossen; eine davon ist eure,

und eine andere ist meine. Obwohl alle diese Dimensionen sich gegenseitig durchdringen und in gewisser Weise miteinander in Beziehung stehen – tatsächlich könnte die Erde nicht bestehen, wenn dies nicht so wäre –, war der vorherrschende Zustand auf der Welt von Spaltung und Trennung gekennzeichnet, so daß die Resonanz zwischen den verschiedenen Ebenen und ihre Fähigkeit zur schöpferischen Zusammenarbeit vermindert wurden. Die Ebenen des Bewußtseins und der Perspektive sind voneinander abgeschnitten, so daß ihre Fähigkeit, das Bewußtsein des Planeten als Ganzes zu erfahren und aus dem Einklang mit diesem Bewußtsein heraus zu handeln, reduziert ist. Das Ergebnis ist eine allgemeine Verringerung der schöpferischen Kraft und Vitalität der Erde selbst.

Ihr könnt das aus eurem eigenen Zusammenhang heraus verstehen. Wenn ein Teil eures Körpers eurem Willen nicht gehorcht, seid ihr weniger als sonst in der Lage, eure Ganzheit zum Ausdruck zu bringen; eure gesamte Funktionstüchtigkeit kann sogar beeinträchtigt sein. Die Spaltung zwischen den Bewußtseinsebenen in eurer Kultur könnt ihr ebenso sehen. In immer stärkerem Maße seid ihr vom Leben der Natur künstlich abgeschnitten worden. Euer Menschheitsbewußtsein ist gewachsen, aber euer Ganzheitsbewußtsein hat abgenommen. Indem ihr den menschlichen Standpunkt zum leitenden Kriterium für euer Denken und Handeln macht, bringt ihr euch um die Nahrung und Einsicht, die euch die nichtmenschlichen Welten geben können, und ihr handelt wider ihre ökologischen Bedürfnisse. Nichts, was Teil eines größeren Ganzen ist, kann gegen einen anderen Teil dieses Ganzen vorgehen, ohne letzten Endes sich selbst zu schädigen. Das entdeckt ihr gerade.

Das Ergebnis ist aber die Verringerung der Fähigkeit der Erde, ihr inneres Wesen zu inkarnieren, zu entfalten und zum Ausdruck zu bringen. Als Folge davon ist auch die Inkarnation und Entwicklung der

Menschheit selbst beeinträchtigt. Inkarnation ist abhängig vom freien Fluß der Energie, des Lebens und der Kommunikation und von der Verbindung innerhalb eines Organismus sowie zwischen ihm und seiner Welt. Ist dieser Fluß behindert, so bedeutet das für uns auch ein Hindernis für die Gegenwart des Göttlichen, denn Inkarnation ist die Offenbarung Gottes im immerwährenden Schöpfungsakt.

Das zentrale Anliegen dieser Zeit ist, wie gesagt, die innigere Vereinigung Gottes mit der Erde, vermittelt durch den Geist oder das Prinzip der Inkarnation. Dieser Geist ist das Gefäß für diese Vereinigung; und wenn er auch auf vielerlei Weise auf eure Welt eingewirkt hat, so werdet ihr ihn doch am besten als den Geist Christi kennen, als das Prinzip der Salbung und Vereinigung, als das ureigentliche Bild der Inkarnation des Göttlichen.

Diese Zusammenkunft belebt und beschleunigt das Leben auf der Erde, indem sie die verschiedenen Hindernisse, die der Vereinigung und Liebe im Wege stehen, niederreißt oder vermindert, wo immer sie sie vorfindet. Da sich Zeit für uns anders darstellt als für euch, erleben wir diesen Prozeß als unmittelbar und augenblicklich. Auf der geistigen Ebene hat diese Beschleunigung bereits stattgefunden, und die Erde bereitet sich auf den Empfang ihres Geliebten vor. Für euch dauert dieser Prozeß jedoch noch an. Er hat vor mehreren Jahrhunderten eurer Geschichte begonnen (eigentlich kann man sagen, daß er durch die Menschwerdung Christi in Gang gesetzt wurde), er ist verantwortlich für die rasche Entwicklung der Naturwissenschaften und eurer technologischen Fähigkeiten zu umfassenderer Kommunikation auf dem Planeten, und er wird noch einige Zeit andauern, bevor ihr sagen könnt, daß ihr die neue Erde voll und ganz erlebt, die für uns bereits sehr wirklich ist.

Zu eurem Glücke ist dies so, denn ihr würdet es schwierig gefunden haben, die volle Wucht dieses göttlichen Geschehens zu ertragen. Genau wie eine ausreichende Menge Wasser eine Pflanze zum

Wachsen bringt, zuviel davon jedoch die Saat hinwegschwemmt, genauso wäre die menschliche Evolution, wie ihr sie kennt, hinweggeschwemmt worden, wenn der volle Ansturm euch ohne Vermittlung der geistigen Reiche getroffen hätte. Obwohl es einzelne gibt, die dies für eine gute Sache halten würden – für uns und für die Erde wäre es eine Tragödie gewesen. Wir wünschen uns, daß die Pflanze, die die Menschheit ist, wachse, gedeihe und blühe, damit die Frucht, die sie eines Tages tragen wird, uns allen zur Nahrung diene.

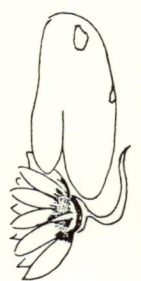

Es ist an uns allen, die wir Teil des größeren Lebens der Erde sind, uns dieser Notwendigkeit zu stellen und den Geist des Göttlichen in vollerem Umfang in unser Leben und unsere Aktivitäten aufzunehmen, denn auf diese Weise dienen wir der weiteren Entfaltung und Heiligung des Planeten. Diese Aufgabe liegt ganz besonders bei euch, die ihr unsere physische Familie seid, denn der Widerstand gegen diese Beschleunigung ist jetzt größtenteils auf eurer Ebene und innerhalb des menschlichen Bewußtseins zu finden. Wir haben uns schon vor langer Zeit darauf ausgerichtet – voller Freude, denn wer würde sich nicht wünschen, dem Geliebten näher zu sein. Es ist eure eigene Unwissenheit und Angst vor eurer geistigen Wirklichkeit, die euch jetzt herausfordert, euer Widerstand gegenüber Veränderung und gegenüber dem Unbekannten.

Unter anderem ist dies der Grund, weshalb wir einen besseren Verständigungsfluß zwischen eurem Reich und unserem anstreben. Wir sehen euch in eurer wahren geistigen Natur, die der unseren verwandt ist. Wir sehen die Macht der Liebe und der Fähigkeit, auf das Ganze eingestimmt zu sein, die wie ein Same in euch liegt, und wir möchten diesen Samen zum Wachsen bringen. Unsere Sicht der Welt ist im allgemeinen weitreichender als die eure. Wir möchten euch unsere Sichtweise anbieten, um die eure zu erweitern und eure Ängste zu bannen. Wir möchten euch ermutigen und darin bestärken, eure Göttlichkeit zu entdecken, eure Fähigkeit, zu lieben, das Ganze ins Herz zu schließen und den Segen des Lebens weiterzugeben.

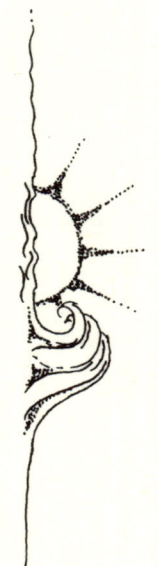

Die Pflege und Verwandlung der Erde ist unsere gemeinsame Aufgabe, und wenn unsere Reiche zusammenarbeiten, wird dieses Unternehmen harmonischer und leichter voranschreiten. Wenn man aber zusammenarbeitet, lernt man sich besser kennen. Man erreicht ein tieferes gegenseitiges Verständnis und engere Vertrautheit. Ein solches gemeinsames Bewußtsein und eine solche gemeinsame Perspektive wünschen wir uns mit euch, denn ihr werdet im Laufe dieses Prozesses eine tiefere Vertrautheit mit eurer eigenen geistigen Natur gewinnen. Dann werdet ihr fähig sein, aus der Klarheit und Macht dieser Vertrautheit heraus füreinander und für eure Welt zu handeln und die Trennungen, die jetzt den Fluß eurer globalen Vereinigung behindern, zu überwinden und zu heilen. Auf diese Weise wird die Verwandlung und Belebung eurer Welt stattfinden, und die Erde wird in der Anmut und Schöpferkraft des menschlichen Geistes die Berührung des Geliebten erfahren.

DIE ROLLE DER MENSCHHEIT

Es wird euch helfen, unsere Vorstellung von Zusammenarbeit besser zu verstehen, wenn ihr auch versteht, wie wir die Menschheit sehen und die Welt, auf der ihr lebt. Ihr habt eine einzigartige Aufgabe zu erfüllen, ihr habt eine ganz besondere Verantwortung für die Erde, für ihr gesamtes Wohlergehen und Wachstum.

Ihr denkt, eure Welt sei die Dimension der Materie; jede Welt ist jedoch für ihre Bewohner materiell in dem Sinne, daß sie real und fest ist und Struktur- und Formgesetzen gehorcht. Einige dieser Gesetze sind anders als die euren und schaffen Bereiche, die euch formlos und chaotisch erscheinen würden, weil ihr ihre Logik nicht versteht. Ein Beispiel dafür ist die Welt, die ihr oft in euren Träumen erlebt; es kann sein, daß diese Welt nur ein inneres psychologisches Gebilde ist, sie kann aber ebenso ein teilweise erinnerter Ausflug in eine der Dimensionen des Lebens sein, die normalerweise unsichtbar für euch sind, und in denen sich Dinge ereignen können, die nicht mit den Naturgesetzen vereinbar sind, wie ihr sie gewöhnlich versteht.

Es ist daher eine unzulängliche Beschreibung, wenn man einfach sagt, daß ihr in der materiellen Welt lebt. Für uns ist eure Welt in zweifacher Hinsicht definiert. Sie ist eine Dimension, die durch eine ganz bestimmte Beziehung zu jenen formenden Kräften strukturiert ist, die ihr Zeit und Raum nennt, was ihr eine Starre und Dichte verleiht, die in anderen Reichen nicht zu finden ist. Das bindet euch in das Erleben eines vierdimensionalen Universums ein. Sie ist eine der einfachsten Strukturen, innerhalb deren Bewußtsein normalerweise funktioniert, und sie verleiht große Stabilität. Sie ist wie eine Sammel- linse, die Energie und Bewußtheit auf ein Zentrum hin bündelt. Ich sollte hier anfügen, daß ich, wenn ich von eurer Dimension spreche, nicht nur die Umgebung meine, die ihr in eurem täglichen Leben erfahrt, sondern auch die subtileren und für euch unsichtbaren Berei- che der atomaren und subatomaren Struktur und Energie.

Diese Eigenschaften der Stabilität und Konvergenz sind wichtig, denn sie machen es möglich, daß eure Dimension ihre Funktion innerhalb des gesamten Körpers der Erde erfüllen kann. Diese Funk- tion ergibt unsere zweite Definition eurer Welt. Es ist ihre Funktion, ein Ort der Synthese zu sein. Eure Welt ist der Treffpunkt vieler Arten von Bewußtsein, von Energieströmen und Lebensformen. Sie ist ein Ort intensiver Aktivität, ein Ort der Experimente und Entdeckungen, wo Elemente zusammengebracht werden, damit neue Kombinationen entstehen können. Sie ist der Ort, wo die verschiedenen Kräfte, Qualitäten und Energien, die um die Erde herum vorhanden sind, zusammenkommen und wo Integration beginnt.

Da diese Aktivität so intensiv ist, muß eure Dimension vergleichs- weise einfach und stabil sein, geradeso wie eine heftige chemische Reaktion ein geeignetes Gefäß erfordert, das sie zusammenhält. Die Struktur eurer Welt ist dicht; sie wirkt auf Schwingungen verlangsa- mend, genauso wie bestimmte Elemente eine chemische Reaktion verlangsamen, so daß sie ohne Explosionsgefahr vor sich gehen kann. Viele der unsichtbaren Kräfte, die in eurer Welt schließlich Form annehmen, würden sozusagen auseinanderfliegen, wenn sie außer- halb eines solchen Gefäßes von Stabilität und Dichte zusammenge- bracht würden.

Dadurch, daß sie innerhalb der Dichte und Starrheit der physischen Energie und Form miteinander in Berührung gebracht und zusammengehalten werden, kommt es zu einer wechselseitigen Beeinflussung dieser Kräfte und zu einer Synthese. Daraus entsteht ein neuer Zustand, eine neue Struktur, die selbst wieder an weiteren Synthesevorgängen mitwirkt. Auf diese Weise werden Formen aufgebaut, die komplexeren und fortgeschritteneren Arten von Bewußtsein Ausdruck verleihen können. Man kann auch sagen, sie geben Formen des Bewußtseins eine Struktur, die, indem sie Synthese verkörpern und Vielfalt in ihrer Einheit umfassen, die Ganzheit Gottes besser repräsentieren können. Solche Formen sind daher besser in der Lage, den Geist des Göttlichen zu verkörpern und zum Ausdruck zu bringen.

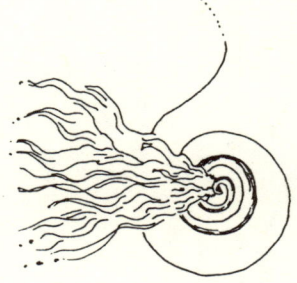

Auf diese Weise tritt aus dem Fluß der Schöpfung das hervor, was man das »Selbst der Synthese«* nennen könnte. Im Laufe seiner Entwicklung wird dieses kraft seiner Natur immer mehr dazu fähig, offen zu sein und die allumfassende und liebende Natur Gottes zu verstehen. Es wird zu dem Bewußtsein, durch welches die göttlichen Eigenschaften der Ganzheit, Einheit und der gegenseitigen Stärkung oder Liebe Gestalt annehmen können.

Allgemein gesagt ist eure Dimension der Ort, wo das Bewußtsein dieses Selbstes der Synthese zum ersten Mal zu erscheinen beginnt. Deshalb wird in manchen Lehren die physische Welt als der Umkehrpunkt betrachtet, wo Involution zu Evolution wird. Es ist nicht so, daß die Erscheinungsformen des Lebens in Bereichen, die dem physischen sozusagen „vorausgehen", von Gott getrennt oder notwendigerweise weniger entwickelt sind. Vielmehr verkörpern sie eine

* engl. „selfhood of synthesis"

Einzigartigkeit und Reinheit des Seins, die für euch schwer zu verstehen wäre. In ihrer Reinheit können sie ihre eigene Verbindung mit der Göttlichkeit tatsächlich viel stärker erleben als ihr, aber die Bandbreite ihres Ausdrucks ist auch enger als die eure. Sie begegnen nicht den gleichen Herausforderungen, wie sie der ganz besondere Weg mit sich bringt, den die Menschheit geht, welche hauptsächlich Schwierigkeiten der Integration und Synthese sind.

Das bringt mich zur Rolle der Menschheit. Ihr seid die Ausformung des Lebens, in der das Bewußtsein der Synthese, das Selbst der Synthese, zur Wahrnehmung seiner selbst gelangt und beginnen kann, sich von den Strukturen und Begrenzungen seiner Geburt zu befreien. Dies erreicht es, indem es bewußte Handlungen unternimmt, die seine Natur zum Ausdruck bringen und Synthese oder Liebe in Aktion sind. Genauer gesagt seid ihr der Ort, wo diese Macht der Synthese sich mit der Erfahrung ihrer selbst verbindet, um mit ihr zu einer Einheit zu verschmelzen.

Die Beschaffenheit eurer Welt wirkt, wie schon gesagt, wie eine Sammellinse, welche die Wahrnehmung auf ein Zentrum hin bündelt. Ursprünglich ist dies ein Zentrum der Getrenntheit. Eure physischen Formen, die euch so deutlich von anderen abgrenzen, nähren in euch das Gefühl, ein autonomes Selbst zu sein. Ihr und ein Baum seid in Form und Funktion so verschieden, daß ihr nicht ohne weiteres erkennen könnt, in welcher Weise eure Identitäten sich vermischen. Stattdessen nehmt ihr nur wahr, auf welche Weise ihr euch voneinander unterscheidet. Dies gibt euch das Gefühl, objektiv und subjektiv von dem Baum und von allen anderen Lebensformen getrennt zu sein, die anders sind als ihr – andere menschliche Wesen eingeschlossen.

Gleichzeitig aber gibt es ein anderes Zentrum, das Zentrum der Synthese. Dieses ist die Erfahrung der Verbundenheit und des Teilha-

bens an einem Zustand gemeinsamen Seins, einem Zustand der Einheit. Alles Bewußtsein, das sich auf der Erde entwickelt, kreist um diese beiden Zentren wie um zwei Sonnen – bald näher der einen, bald näher der anderen. Das Ziel ist es, diese beiden Sonnen zu integrieren, die bündelnde Kraft des Selbstes mit der alles umfassenden und bestärkenden Liebe zu verschmelzen, die Synthese ist.

Die Menschheit ist diejenige Gattung, innerhalb derer diese Integration stattfindet. Dies ist ihre unmittelbare evolutionäre Rolle und ihr Ziel. Wenn diese Integration erreicht ist, dann wird sich die Menschheit in einen anderen Lebenszustand verwandeln, der sich nicht unbedingt in der Form, aber in der Qualität und Kraft seines Bewußtseins sehr vom jetzigen unterscheiden wird. Durch eure ganze Geschichte hindurch hat es einzelne Menschen gegeben, die diese Verwandlung schon vollzogen haben, indem sie in ihrem Leben die Macht des Göttlichen mit den Eigenschaften der menschlichen Identität vereint haben. Sie stehen als Beispiel dafür, was die ganze Menschheit erreichen wird, und viele von ihnen setzen ihre Arbeit sowohl von der physischen wie auch von den unsichtbaren Welten aus fort, um sicherzustellen, daß dieses Ziel erreicht wird.

Dieses Werk wird jedoch nicht nur um der Menschheit willen vollbracht. Es ist der Beitrag der Menschheit, diesen Geist der Synthese stärker auf der Erde und insbesondere in den physischen und psychischen Dimensionen zu verankern. Ihr seid die vermittelnde Kraft für die allmähliche Beschleunigung der Schwingung der Erde, damit sie in immer vollerem Umfang den Geist ihrer Göttlichkeit empfangen und inkarnieren kann. Auf diese Weise wird eure Welt zu einem noch größeren und wirksameren Gefäß werden, in dem die geistigen „chemischen Reaktionen" des Selbstes und der Synthese stattfinden können. Ihre Fähigkeit, den Träumen und Bildern Gottes Inkarnation, ihnen Form und Ausdruck zu verleihen, wird wachsen. Die Stabilität und die Struktur eurer Erde, wie ich sie beschrieben habe, wird dann nicht mehr ihre Begrenzung sein, sondern der Schoß, aus dem eine neue und leuchtendere Welt geboren werden kann, zum Dienste und zum Segen des Universums, dessen Teil sie ist.

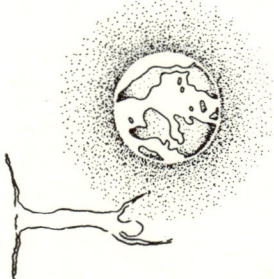

82

DIE WELT DER MENSCHHEIT

Ihr als die physische Menscheit lebt in einer reichen und vielfältigen Welt. Es ist eine Welt der Wunder, eine Welt ungeheurer Möglichkeiten der Erfahrung, der Kreativität und des Wachstums. Ihr könnt darin Qualitäten, Kräften und Erfahrungen begegnen, die keine andere Dimension zu bieten hat, zumindest nicht in der gleichen Weise. Ihr Zweck ist es, die reichhaltigste Umgebung und die umfangreichsten Begegnungsmöglichkeiten mit verschiedenen Perspektiven für die Ernährung und Entwicklung des Bewußtseins zu schaffen.

Euer Planet ist die Heimat vieler Erfahrungswelten, von denen euch als menschlichen Wesen nur ein Bruchteil zugänglich ist. Die ganz besondere Erfahrung, die die Erde für euch bereithält, ist, daß sie der Schoß jener Konfiguration von Kraft und Bewußtsein ist, die ich »das Selbst* der schöpferischen Synthese« genannt habe. Die Menschheit ist die Gattung, innerhalb derer jenes Selbst in Erscheinung treten kann. In euch wird sich die Kraft der Synthese und der Liebe ihrer selbst bewußt. Diese Kraft kann sich dann auf Qualitäten der Kreativität und Innovation ausrichten. Dies ist ein entscheidender Schritt in der Entwicklung von Lebensformen, die im Sein und im Tun den Geist der Göttlichkeit unverfälscht offenbaren können.

Eure Welt ist durch diese Entwicklung definiert. Sie ist der Ort, wo

---

* engl. selfhood

beides, Selbst und Synthese, auf den Plan gerufen und dann integriert werden kann. Alles, was ihr als Gegebenheiten eurer Welt erlebt, Angenehmes und Unangenehmes, spiegelt diese Tatsache wider.

Dies trifft insbesondere auf eure heutige Welt zu. Die Entfremdung von der Natur und die Verseuchung eurer Umwelt, die Konflikte zwischen Kulturen und Gesellschaftsformen, das Drohen eines Atomkriegs, die Spannungen in der Weltwirtschaft – all dies spiegelt die Entwicklung des Selbstes, das noch nicht mit dem Geist der Synthese vereint ist. All dies stellt aber auch den Drang dieses Geistes nach Integration dar. Gerade weil diese Schwierigkeiten größer sind, als daß ein einzelnes oder auch ein einzelnes Land sie lösen könnte, rufen sie nach einem globalen Bewußtsein und eröffnen damit die Möglichkeit einer globalen Antwort von euch. Sie definieren eure Welt als die Zeit und den Ort, wo Synthese auf planetarischer Ebene hervortreten kann.

In der Vergangenheit ist dies nicht der Fall gewesen. Die Voraussetzungen für die Entstehung von Synthese auf planetarischer Ebene waren noch nicht gegeben, da die notwendige Erfahrung der Menschheit im globalen Maßstab noch nicht so weit entwickelt war. So hat sich dies Hervortreten des Geistes der Synthese weitgehend auf einzelne Individuen konzentriert. Eure ganze Geschichte hindurch hat es Menschen gegeben, in denen sich der Geist der Synthese und Göttlichkeit mehr oder weniger deutlich offenbart hat. In der Tat gründen eure Kulturen zum großen Teil auf solchen Offenbarungen.

Diese Voraussetzungen haben sich jetzt geändert. Teils aufgrund der zuvor erwähnten planetarischen Beschleunigung, teils aufgrund der globalen Entwicklung der Menschheit und der daraus folgenden

gegenseitigen Annäherung der menschlichen Kulturen (wobei natürlich jeder dieser Faktoren den anderen mit auslöst), ist jetzt die Zeit für eine weitere solche Offenbarung gekommen. Diese wird sich nicht und kann sich auch nicht einzelner Individuen bedienen, sondern sie gründet sich auf viele von euch; denn sie liegt – entsprechend der globalen Natur der Herausforderungen, vor die ihr euch gestellt seht – in kollektiver Verantwortung.

Ich habe von unserer Vision gesprochen, daß das Licht des Geliebten auf neuen und persönlicheren Wegen in eure Welt hineinbricht und dem planetarischen Leben eine neue Tür öffnet. Die Menschenwelt ist die Angel, in der diese Tür sich dreht. Für uns definiert diese Tatsache die Beschaffenheit eurer Welt. Sie bestimmt die Prüfungen, denen ihr begegnen werdet. Sie bestimmt auch die Kräfte und Fähigkeiten, die ihr habt, um mit diesen Herausforderungen fertigzuwerden, denn stünde dieses Selbst der Synthese, dieser Geist der Integration und Liebe nicht zu eurer Verfügung, wäre er nicht tatsächlich das Wesen der Menschheit, welches hervorzubrechen versucht, dann wäre eure Welt anders beschaffen. Ihr hättet nicht die Probleme, die ihr habt. Sogar die schreckliche Bedrohung durch einen Atomkrieg, die so nach eurer Aufmerksamkeit schreit, ist die Folge eures Ringens um Verständnis und um Verkörperung des Geistes der Synthese. Was ihr mit der Spaltung des Atoms freigesetzt habt, ist das heilige Feuer der Synthese selbst auf seiner allergrundlegendsten Ebene. Ihr seid auf die wesentliche Energie gestoßen, die eure physische Welt zusammenhält. Nun kämpft ihr darum, zu wissen, was ihr damit tun könnt, wie ihr sie beherrschen und nutzen könnt.

Genauso wie ihr danach strebt, die Atomenergie zu beherrschen, so sucht ihr auch nach Wegen, die neuen planetarischen Perspektiven, die über euch hereingebrochen sind, in den Griff zu bekommen oder zu verkörpern. So, wie eure Städte sich im Feuersturm einer Kernexplosion auflösen würden, so drohen auch eure alten Perspektiven und die Institutionen, die sie zum Ausdruck bringen, unter dem Ansturm der Bedürfnisse und den Anrufungen einer planetarischen Menschheit zusammenzubrechen. Auf euch ruht die Verantwortung, die Macht der bewußten Synthese ins Leben zu rufen und in die Tat umzusetzen: den Geist der Liebe, der stärkt und der zur Ganzheit strebt. Welches sind die Gefäße, die Institutionen, die Werte, welches sind die Wirtschaft und die Politik, welches die sozialen Bedingungen, die diesen Geist umfassen und ihm gerecht werden können? Wie könnt ihr gemeinsame Werkzeuge entwickeln, welche die Macht der Synthese und der Liebe verkörpern und ausdrücken können?

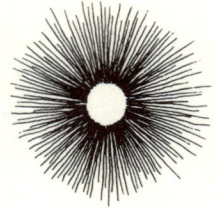

Es ist die Herausforderung dieser Entwicklung, die zur Zeit die Welt der Menschheit kennzeichnet. Einige eurer Visionäre haben gesagt, daß ihr euch in ein Zeitalter der Gruppenentwicklung hineinbewegt, in ein Zeitalter des Lernens, wie ihr Gruppen, die wirklich Synthese verkörpern, schaffen und in ihnen leben könnt. Solche Gruppen, ganz gleich welcher Größe, müssen die Heiligkeit des Individuums ebenso ehren wie das Bedürfnis der Erde, durch die Anwesenheit kollektiver Ausdrucksformen belebt zu werden, in denen der Geist der Ganzheit willkommen ist und ein Zuhause finden kann. In der Vergangenheit haben Gruppen die Segnungen der Synthese innerhalb ihrer eigenen Grenzen festgehalten und der Welt ein Gesicht zugekehrt, das von Wettbewerb und Trennung gekennzeichnet war. Nun ist es an der Zeit, diese Seinsweisen zu integrieren und die Synthese selbst zu dem Geschenk werden zu lassen, welches die Gruppen anderen und dem Reich der Natur darbringen. Auf diese Weise kann die Menschheit ihre Ganzheit entdecken, und die Welt der Menschen kann inniger mit der Welt Gottes verschmelzen, zum Segen der Erde.

DIE WELT JOHNS

Eure Welt und meine Welt sind sehr verschieden und einander dennoch sehr ähnlich. Wie ihr lebe ich in einer Umgebung, die mich erhält, ernährt und meinem Leben Form und Struktur gibt. Ich habe eine persönliche Identität, die mich von meiner Umwelt unterscheidet; ich habe Aufgaben, die meine Kreativität fordern, Vergnügen, an denen ich mich erfreue und Schwierigkeiten, die mir begegnen. Ich habe meine Erfolge und Mißerfolge. Ich lerne, und ich wachse an Weisheit und Erfahrung. All diese Dinge haben wir gemeinsam, und doch unterscheiden wir uns in jeder dieser Kategorien.

Meine Welt ist viel weiter, unermeßlicher als die eure; sie erlaubt Mitwirkung in reicherem Ausmaß. Wir sind uns viel bewußter darüber, wie wir unsere Umwelt miterschaffen, und diese reagiert auch in viel stärkerem Maße auf uns, als eure Umwelt auf euch reagiert. Unsere Möglichkeiten, innerhalb deren wir existieren und die uns begrenzen, erstrecken sich über mehr Dimensionen als die drei Raum- und die eine Zeitdimension, die euer Erleben strukturieren. Obwohl unsere Welt für uns sehr geordnet ist, würde sie euch ziemlich fließend, ja sogar formlos erscheinen, nicht unähnlich der Welt eurer Träume. Das kommt zum Teil daher, daß ihr nicht die notwendigen Sinne entwickelt habt, um unsere Welt in ihrer Ganzheit wahrnehmen zu können, und zum Teil daher, daß ihr versuchen würdet, die Beschaffenheit unserer Welt aus dem Vergleich mit der Struktur eurer eigenen heraus zu verstehen.

In gleicher Weise ist meine Identität fließender als die eure. Unsere Persönlichkeiten sind offener dafür, sich gegenseitig zu durchdringen und miteinander zu verschmelzen, als ihr das normalerweise in euren Beziehungen zu anderen erlebt. Für die Wesen in meiner Welt ist es einfacher und natürlicher, in dem aufzugehen, was ihr Gruppenbewußtsein nennen würdet, und darin zu wirken. Das ist deshalb so, weil wir noch mehr als ihr das Selbst der Synthese verkörpern. Und doch erleben wir unsere Individualität paradoxerweise als realer und sicherer als die meisten von euch auf eurer Ebene. Unser Identitätsgefühl beruht auf der persönlichen Erfahrung unserer Beziehung zu jener Individualität, die Gott, der Geliebte, ist. Wir sind von dieser Beziehung getragen, und im Gegensatz zu so vielen von euch brauchen wir keine besonderen Formen oder Besitztümer, um uns zu definieren oder uns ein Gefühl des Seins zu verschaffen. Da wir also in vollerem und tieferem Sinne wissen, wer wir sind, sind wir nicht darum besorgt, unsere Identität zu verlieren, eine Frucht, die viele von euch als Hindernis für eine tiefere Vereinigung mit anderen erleben. Ohne diese Furcht können wir vollständiger miteinander verschmelzen und in lebendigerem Austausch sein. Unsere Eigenständigkeit behindert unsere Synthese nicht.

Wer sind wir? Wir sind eine Vielfalt von Wesen, die in einer Ökologie von Beziehungen und gegenseitiger Abhängigkeit leben, geradeso wie all die vielen Wesen auf der Erde. Es gibt Wesen, die ihr Engel nennen würdet, und andere, die nie auf der Erde verkörpert waren, sich jedoch darauf vorbereiten. Dann gibt es jene, zu denen auch ich gehöre, die mindestens ein und gewöhnlich mehrere Leben als verkörperte Persönlichkeiten hinter sich haben. Unsere geistigen Interessen und Neigungen und unsere spirituelle Entwicklung haben uns an diesen Ort gebracht. Aufgrund unserer Erfahrungen mit eurer Seinsebene sind wir ein Verbindungsglied zwischen unserer Dimension und der euren, zumindest mit der Menschheit, einige meiner Mitarbeiter jedoch, die weniger mit dem menschlichen Zweig der planetarischen Evolution identifiziert sind, bilden Verbindungsglieder mit anderen Reichen und Gattungen des irdischen Lebens. Dann gibt es andere unter uns, die gegenwärtig inkarniert sind und in eurer Welt leben, deren Wahrnehmung und Bewußtsein jedoch vollständig unserer Ebene entspricht.

Am besten kann ich meine Welt durch Analogie beschreiben. Wenn eure Dimension der physische Körper der Erde ist, das Reich der groben Bearbeitung der Materie, dann ist meine Welt eher wie die Phantasie, die Vorstellungskraft des Planeten. Sie ist das Reich, in dem die feinen, formenden mentalen Kräfte, die nach und nach eure Umwelt gestalten, erzeugt werden und durch die Energie unseres Lebens Struktur und Form erhalten. Man könnte sagen, wir leben in eurer Zukunft. Das bedeutet nicht, daß wir bestimmte Geschehnisse erschaffen oder durchleben, die sich dann auf der physischen Ebene manifestieren. Es bedeutet, daß das vorherrschende Merkmal meiner Umwelt die Gegenwart der Qualität von Kreativität und Neuheit ist, das, was die irdische Evolution voranzieht, zu sich selbst hin, und das Leben in eurer Welt dazu inspiriert, seine vertrauten Grenzen zu überschreiten.

Ebenso wie eure Welt bestimmte Funktionen hat, die sie definieren, so ist das auch mit der meinen. Die ganz besondere Aufgabe meiner Welt besteht darin, für geistige Einflüsse von jenseits der Erde offen zu sein und mit diesen Einflüssen auf eine Weise in Austausch zu treten, die diesen Planeten fördert. So wie euer körperliches Leben sich um die Umwandlung von Sonnenenergie in physische Energie und Materie dreht, so kreist unser Leben um die Umwandlung dieses höheren geistigen Lebens in einen Zustand, den unser Planet integrieren kann. Im Zentrum dieses kosmischen Lebens jedoch steht die Göttlichkeit, die die Erde voran zu Neugeburt und weiterer Entfaltung zieht. Ihr würdet diese Gegenwart den Christus nennen, und wahrlich ist sie der Ursprung und die Nahrung meiner Welt, der Brennpunkt, um den herum unser aller Leben und unsere Aktivitäten angeordnet sind.

In gewisser Weise verkörpern wir die Offenheit der Erde für erneuernden und schöpferischen Kontakt mit ihrer kosmischen Umgebung. Wir sind der Geist der Synthese, der hinausreicht, um diesen Planeten mit anderem Leben und anderen Bedingungen zu verbinden, die im weiteren Universum existieren. Unsere Welt ist das Verbindungsglied zwischen dem Bekannten und dem Unbekannten, zwischen Erfahrung und Phantasie, zwischen dem Besonderen und dem Universellen, das es dem Bewußtsein der Erde ermöglicht, sich zu erweitern. Indem wir danach streben, in Einklang mit der Göttlichkeit zu leben, die wir in der Welt und im Kosmos wahrnehmen, fließen von der Gesamtsumme unserer Leben und unserer Beziehungen zueinander und zu unserer Umwelt Muster von Eigenschaften und Bildern zum Rest der Erde, die, wenn sie in die grundlegende Identität des Planeten integriert werden, Bewegung und Veränderung in bestimmte Richtungen anregen. Auf ganz ähnliche Weise gibt eure Fähigkeit, euch etwas vorzustellen und Bilder zu formen, die auf der Erfahrung eurer selbst und eurer Umgebung beruhen, eurem eigenen Leben Inspiration und Richtung.

Die Muster, die von unserer Welt und unserer Aktivität ausstrahlen, sind jedoch, an eurem Standard gemessen, abstrakt. Sie werden anschließend in Reichen, in denen eine konzentriertere mentale Verarbeitung stattfindet, weiter erforscht und ausgearbeitet, um zu guter Letzt in Sphären von Gedanken und Gefühlen, von Zeit und Geschichte einzutreten, die euch vertrauter und verständlicher sind. An diesem Punkt werden jene Muster mehr oder weniger genau und originalgetreu auf der physischen Ebene in die Form von Ereignissen und Situationen umgesetzt, wobei die Formen dieser Ereignisse und Situationen in beträchtlichem Ausmaß eurer menschlichen Einflußnahme unterliegen. Ihr könntet sagen, wir liefern das Rohmaterial an Potential und Möglichkeiten, das ihr dann innerhalb gewisser Grenzen durch euren eigenen Willen, durch eure Entscheidungen und schöpferischen Handlungen zum Stoff eurer Geschichte formt.

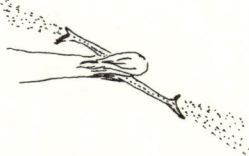

Die Zeitdauer, die verstreicht, bis ein solches Schöpfungsmuster von seiner Entstehung in unserer Welt bis zu seiner Manifestation in der euren gelangt, ist verschieden. Sie kann mehrere tausend Jahre währen oder auch nur hundert Jahre und noch weniger, das hängt von der Art des Musters ab. Es ist jedoch so, daß das menschliche Bewußtsein in dem Maße, wie es sich dem Geist der Synthese und Integration öffnet, immer weniger in Sichtweisen gefangen ist, die ausschließlich von der Natur eurer eigenen Dimension genährt werden, und so die Umsetzungszeiten und auch die Möglichkeiten der Fehlinterpretation verringert werden. Ebenso wie ihr gerne die Fähigkeit hättet, eure eigenen Gedanken rasch und harmonisch in angemessene Handlungen umzusetzen, die eure Absicht gekonnt zum Ausdruck bringen, so ist dies auch mit der Erde als Ganzem. Dieses Ziel ist es, das uns nach vollkommenerer Synthese und besserem Einklang zwischen euch und dem Geist streben läßt, zwischen eurer Welt und der meinen.

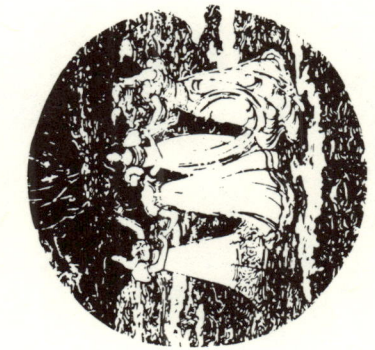

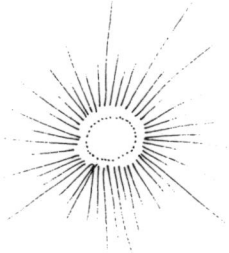

DER GEIST UND DIE GEISTIGEN WELTEN

Ihr fragt nach dem Geist und den geistigen Welten. Aus unserer Sicht ist Geist die lebendige Substanz Gottes, aus der alle Dinge in ihrer Unermeßlichkeit oder Winzigkeit, in ihrem vibrierenden Leben oder ihrer Starrheit gewoben sind. Deshalb ist für uns jede Welt geistig, denn alle Welten sind Teil des Lebens Gottes, und in allen Welten kann die göttliche Gegenwart erfahren und erkannt werden.

Dennoch kann man genauere Unterscheidungen treffen, denn Welten und Dimensionen lassen sich anhand ihrer charakteristischen Eigenschaften und Funktionen definieren. Ich werde also zwei Arten von Definitionen der geistigen Welten anbieten. Die eine ist kosmologisch, die andere funktional.

Es können verschiedene Kosmologien gezeichnet werden, um die Gesamtstruktur der Erde und den wechselseitigen Austausch zwischen den verschiedenen Sphären, aus denen sie besteht, zu beschreiben. Ich werde eine einfache Kosmologie anbieten, die auf vier Unterteilungen beruht und größtenteils auf menschliche Interessen und Erfahrungen zugeschnitten ist und deshalb unvollständig ist. Für unsere Zwecke ist sie jedoch ausreichend. Die vier Unterteilungen sind: die Welten der formenden Kräfte; die physische Welt; die seelischen Welten; und die transzendentalen und transformierenden Welten.

Die Welten der formenden Kräfte zeichnen die physische Welt vor. Es sind unsichtbare Reiche, manchmal die Heimat der involutiven Kräfte genannt, wo jene Wesen wohnen und arbeiten, deren Aufgabe es ist, den Körper der Erde zu gestalten und zu pflegen. Auf der Ebene des Menschen stellen diese Welten jene instinktiven und unbewußten Kräfte dar, die euren physischen Körper ohne euer bewußtes Dazutun aufbauen und erhalten – angefangen beim elementaren genetischen Code. Dies sind die planetarischen Keimkräfte, und das physische Reich geht aus ihrem Wirken hervor.

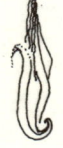

Das physische Reich ist euch vertraut. Die seelischen Welten stellen Dimensionen dar, deren Schwingungsqualitäten und -strukturen dem entsprechen, was ihr als emotionale und mentale Erfahrungen kennt. In manchen Kosmologien werden sie Astral- und niederes Mentalreich genannt. Dies sind die Welten, in die das Bewußtsein der meisten Menschen nach Verlassen des physischen Körpers geht, um dort seine Entwicklung fortzusetzen. Diese Welten (oder zumindest ihre menschlichen Aspekte) sind der physischen Welt, die ihr kennt, sehr ähnlich, wenn dort auch nicht dieselben Begrenzungen im Umgang mit Materie, Energie, Zeit und Raum bestehen. Während übersinnlicher Erlebnisse tretet ihr oft mit diesen Welten in Verbindung. Sie wirken als Energieumwandler zwischen dem physischen Reich und höheren Bewußtseinszuständen. In Bezug auf die Menschheit besteht ihre Aufgabe darin, die Qualitäten sowohl der individuellen Eigenständigkeit als auch der Verbundenheit und Synthese zu vertiefen, damit sie als Leitmuster für die Organisation emotionaler und mentaler Energie dienen können. In diesen Bereichen und in ihrem Zusammenspiel, zusammengehalten im physischen Körper des Menschen, geschieht es, daß das Selbst der Synthese für ein Menschenwesen in Wahrheit geboren und ernährt wird.

Es kommt jedoch ein Punkt in der Entwicklung dieses Selbstes, wo es einen tiefen Zustand der Vereinigung mit den Kräften der Liebe und des Geistes erreicht und wo es beginnt, seine ihm eigene Identität zu transzendieren. Wenn dies geschieht, braucht es die Nahrung einer Energie, die über psychische Qualitäten hinausgeht. Diese Energie kommt aus der vierten Abteilung in meiner Kosmologie, den transzendentalen oder transformierenden Welten, zu denen meine Welt gehört. Dies sind die Reiche, deren strukturgebende Prinzipien Liebe oder Synthese und eine klare Identifikation mit der eigenen inneren Göttlichkeit sind. Die Funktion dieser Reiche besteht darin, diese Prinzipien in Einflüsse und Muster umzusetzen, die die Gesamtheit der Erde durchströmen und in allen anderen Reichen einen Anstoß zu Wachstum und Transformation geben, zu Entwicklung und Transzendenz.

Vom menschlichen Standpunkt aus gesehen sind dies die geistigen Welten. Der Grund dafür ist, daß sie die Art von Bewußtsein und Aufgabe repräsentieren, zu der die Menschheit sich hinentwickelt. Sie sind in einer Weise auf eure Natur ausgerichtet, die euch vorwärtszieht. Auch die formativen und sogar die seelischen Welten im weiteren Sinne sind geistige Welten, jedoch für andere Bewußtseins- und Lebensformen als die menschliche. Für euch sind die geistigen Welten die Reiche, die euch die Macht und Kraft geben, eure menschlichen Möglichkeiten und Verantwortungen zu erfüllen.

Soviel zu den Kosmologien. Es gibt noch eine weitere, weniger spezifische Art, wie wir die geistigen Welten definieren, nämlich hinsichtlich einer Funktion, genauer gesagt einer besonderen Funktion der Beziehung. Diese Definition beruht auf der Tatsache, daß der Geist überall gegenwärtig ist. Er ist nicht auf eine bestimmte Dimension beschränkt. Daher kann jedes Bewußtsein und jedes Wesen, an welchem Ort auch immer, den Geist zum Ausdruck bringen. Wenn es dies auf irgendeine Weise tut, dann ist eine geistige Welt gegenwärtig.

Zum besseren Verständnis dessen laßt mich sagen, daß alles Leben danach strebt, drei Bedingungen zu erfüllen. Die erste ist die Entfaltung seiner grundlegenden Identität, die Treue zu sich selbst. Die zweite ist, im Wissen darum zu wachsen, wer es eigentlich ist, so daß es die erste Bedingung sicherer, besser und vollständiger erfüllen kann. Die dritte ist die Teilnahme am größeren Sein Gottes, indem es entdeckt, wie es in der Verbindung und Synthese mit anderen sich selbst transzendieren kann. Einfacher ausgedrückt strebt es danach, sich selbst sowie auch das größere Ganze zu achten, von dem es ein Teil ist, und das man auch als sein größeres Selbst ansehen kann.

Das Werk des Geistes besteht darin, jeder Form des Lebens, jeder Identität, jedem Bewußtsein die Macht zu verleihen, diese Bedingungen zu erfüllen. Ist eine geistige Welt also ein Ort, wo man den Geist finden kann, so wird eine solche Welt immer dann offenbar, wenn ein Wesen versucht, ein anderes darin zu bestärken oder es ihm zu ermöglichen, jene innere und äußere Ganzheit und Synthese zu erlangen. Die Gegenwart der geistigen Welten findet sich nicht in irgendeiner weit entfernten Dimension, sondern in der Äußerung und der Qualität einer Beziehung, die stärkt und leitet, verbindet und nährt, erhebt und befreit.

Diese Perspektive ist wichtig für uns. Man kann sonst nämlich leicht eine hierarchische Sichtweise entwickeln, die die geistigen Welten als fern von euch betrachtet und als mit einer besonderen Macht ausge-

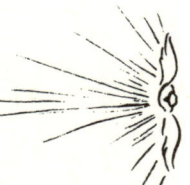

stattet, die ihr selbst nicht besitzt. Es ist richtig, daß meine Welt zum Beispiel Perspektiven und auch Kräfte zu bieten hat, über die ihr nicht in gleicher Weise verfügt. Dennoch lernen und wachsen wir durch unseren Austausch mit euch. Ihr könnt für uns ebensosehr eine geistige Welt sein wie wir für euch, das hängt von den Umständen ab. In eurer Welt sind es nicht nur eure hohen Lehrer und Visionäre, die den Geist repräsentieren. Jeder einzelne kann euch an eure höheren Ziele erinnern und euch auf sie einstimmen oder euch in eurer Fähigkeit stärken, Liebe für andere zu empfinden. Die scheinbar ungeistigste Person kann für euch als geistige Welt wirken, wenn sie in dem Moment der Auslöser ist, die Inspiration, die eurer Entfaltung dient.

Da unser Reich seiner Natur nach weniger enthält, was den klaren Ausdruck dieser Beziehung von Geist und gegenseitiger Stärkung behindert, und da wir diejenigen sind, welche die Verkörperung der Synthese in größerem Ausmaß verwirklicht haben, als das im allgemeinen bei euch auf eurer Ebene der Fall ist, können wir euch und anderen jenen Geist vielleicht auf natürlichere und direktere Weise vermitteln. Deshalb erscheinen wir euch als geistige Welt. Jedoch selbst für uns ist es so, daß uns erst, indem wir eine Beziehung der Zusammenarbeit und des Austauschs mit anderen eingehen, die wahre Kraft der geistigen Welt zugänglicher wird. Der Himmel, so könnte man sagen, liegt im Teilen, nicht in der Abgeschlossenheit in sich selbst. Die Macht der Zusammenarbeit zwischen eurem Reich und dem meinen liegt in dieser Tatsache begründet: die geistige Welt wird für euch wie für uns in der Verbindung unserer schöpferischen Zusammenarbeit lebendig, nicht in unserer Isolierung.

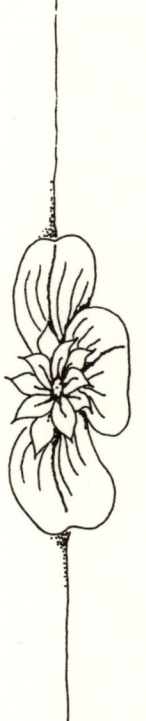

DER AUFBAU VON ZUSAMMENARBEIT

Wie könnt ihr Zusammenarbeit mit den geistigen Welten entwickeln? Wenn ihr die geistigen Welten als einen Ort seht, dann werdet ihr mit diesem Ort und seinen Bewohnern in Kontakt zu treten versuchen; ihr werdet euch bemühen herauszufinden, was sie erreichen wollen, und werdet versuchen, euer Handeln entsprechend auszurichten. Sehr oft wird diese Ausrichtung die Form von Gehorsam gegenüber ihren Vorschlägen oder Anweisungen annehmen, häufig zum Schaden eures eigenen schöpferischen Erkennens und Wollens.

Für mich und die Welt, die ich repräsentiere, ist Gehorsam nicht die Form der Zusammenarbeit, die wir uns wünschen. Gehorsam impliziert eine Passivität und Unterwürfigkeit, der die kreative Energie einer sich gegenseitig stärkenden Beziehung fehlt.

Desgleichen ist ein Austausch von Ideen und Worten – wenn es dies ist, was ihr unter Kontakt und Kommunikation versteht – für uns weniger wichtig. Viele in eurer Welt verwenden viel Energie darauf, eine solche Kommunikation herzustellen, meist auf übersinnlichem Wege oder mit Hilfe von Medien. Wo eine solche Kommunikation sich auf natürliche Weise oder als Folge der Ausübung einer geistigen Disziplin entwickelt und das Nebenprodukt einer tieferen Ausrichtung auf Gott und Verbindung mit ihm ist, da kann sie von Nutzen und für beide Seiten lohnend sein. Die Annahme, daß wir Botschaften zu übermitteln haben, ist jedoch ein Irrtum. Was wir zu geben haben, sind

Qualitäten und Ströme von Energie. Wenn ihr uns als diejenigen betrachtet, die einen bestimmten Plan für die Menschheit haben, dann ist es logisch, daß ihr versuchen werdet, mit uns zu kommunizieren, um bestimmte Anweisungen zu empfangen, die sich auf diesen Plan stützen. Manchmal haben wir auch wirklich Anweisungen anzubieten; häufiger jedoch sind es einfach Vorschläge, die auf unsrer umfassenderen Sichtweise gründen. Besser trefft ihr allerdings den Punkt, wenn ihr erkennt, daß uns weniger an bestimmten Ereignissen und Handlungen gelegen ist als vielmehr an einer allgemeinen Richtung und an der Geistesqualität, die diese Handlungen durchdringt. Auch ist es lehrreich für euch, zu erkennen, daß ihr in euch selbst Zugang zu diesem Wissen habt, wenn ihr euch bemüht, eure Einsicht zu vertiefen und zu erweitern.

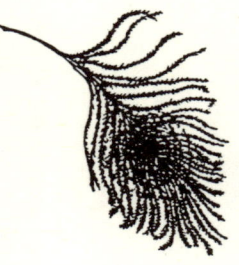

Eure Aufgabe ist, wie ich schon gesagt habe, zu lernen, wie ihr zielgerichtet, geschickt und mit Verständnis handeln könnt, um den Geist der Synthese in eurer Welt zum Ausdruck zu bringen. Eine unserer Aufgaben ist es, diese Fähigkeit in euch zu stärken. In diesem Sinne sind wir wie Ratgeber. Unsere Rolle ist nicht, euch zu sagen, was ihr tun sollt, sondern in euch die zweifache Fähigkeit wachzurufen, selbst zu sehen, was getan werden muß, und es dann zu tun.

Deshalb ist es aus meiner Sicht der erste und beste Weg, um Zusammenarbeit zwischen uns aufzubauen, wenn ihr, auf welche Weise auch immer ihr es für richtig haltet, ein immer tieferes Gefühl des Vertrauens in euch selbst und in den Geist Gottes entwickelt, der in euch wohnt. An euch liegt es, ein Verständnis für Synthese oder Liebe in Aktion zu entwickeln, und zu diesem Zweck habt ihr durch die Zeitalter hindurch eine Fülle an geistigen Lehrern gehabt. Nicht eine neue Lehre ist es, was ihr braucht, sondern der Wille und Antrieb, das, was ihr schon wißt oder mit ein wenig Mühe und Studium wissen könntet, anzuwenden.

So gesehen arbeitet ihr mit uns zusammen, wenn ihr in aufbauender und unterstützender Weise gegenüber anderen in eurer Welt wie auch gegenüber der euch umgebenden Natur handelt, die nichts anderes ist als die Welt selbst. Durch solches Handeln ruft ihr die Essenz der geistigen Welten an; ihr ruft uns.

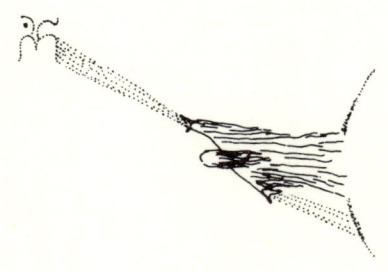

Die Zusammenarbeit mit uns ist also nicht so sehr eine Frage des Austauschs von Worten. Sie ist eine Frage der Resonanz. Die Verbindung zwischen eurer Welt und meiner zum Beispiel geschieht durch den Geist; wir begegnen uns in der Gegenwart des Geliebten. Wenn ihr den euch innewohnenden Geist in einer Weise zum Ausdruck bringt, die dem Wohlergehen eurer Welt dient, dann begegnen sich unsere Geister. Wir kommunizieren. Dann können wir euch unsere Energie anbieten, um eure Bemühungen zu unterstützen; und das gibt ihnen eine Wirkung, die zu euren ursprünglichen Anstrengungen in überhaupt keinem Verhältnis steht. Durch solche Akte der Resonanz ist es uns möglich, mit eurer Welt in Berührung zu treten und auf sie einzuwirken. Ein Mensch, der solche vom Geist der Liebe und der Synthese geleiteten Handlungen vollbringt, ist, auch wenn er von den geistigen Welten nichts weiß, viel wertvoller für uns als jemand, der nur zum Zwecke der Kommunikation oder um Weisungen zu empfangen Kontakt mit uns sucht.

Wir würden eine solche Kommunikation allerdings niemandem verwehren, der sie ernsthaft sucht, um seine Fähigkeit zum Dienen zu verbessern. Ihr müßt euch jedoch dessen bewußt sein, daß wir nicht immer in Worten kommunizieren. Manchmal geschieht es in Form von Qualitäten und Energieströmen. Manchmal geschieht es in Form von Gefühlen der Ermutigung oder des Friedens oder von blitzartiger Einsicht oder Eingebung. Es kann in der Persönlichkeitsstruktur eines Individuums Gründe geben, warum Kontakt und Kommunikation durch Worte vielleicht nicht richtig wären, aber das bedeutet nicht, daß zwischen uns keine Verbindung entstehen kann. Tatsächlich schätzen wir diese wortlose Verbindung am meisten.

Um eine solche Verbindung herzustellen, schlagen wir vor, daß ihr eine Form von Gebet und Meditation für euch entwickelt und sie euch zur Gewohnheit macht. Richtet euer Gebet jedoch nicht speziell an uns. Laßt eure Aufmerksamkeit auf Gott gerichtet sein, denn es ist, wie schon gesagt, die göttliche Gegenwart, in der wir einander begegnen können. Schon die Tatsache, daß ihr uns und unsere Bemühungen um die Erde anerkennt, gibt eurem Bewußtsein eine Offenheit, die zu uns herüberreicht und uns mit eurem Leben verbindet.

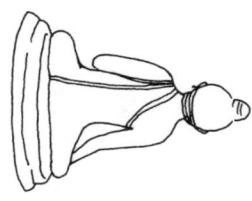

Es gibt viele Arten des Gebets und der Meditation. Ich würde vorschlagen, daß ihr herausfindet, welche Möglichkeiten es gibt, und das auswählt, was für euch richtig ist. Bedenkt jedoch, daß unsere Verbindung am stärksten in Handlungen ist, die in Resonanz mit uns sind. Seid eine geistige Welt für eure Welt, und ihr könnt sicher sein, daß wir mit unserer Hilfe anwesend sein werden. Um euch jedoch einen Ansatzpunkt zu geben, werde ich eine Möglichkeit der Meditation darstellen.

Beginnt, indem ihr es euch bequem macht und eure physische Umgebung und Bedingungen anerkennt, sie dankbar würdigt und sie segnet. Verankert euch durch diese Anerkennung und Würdigung in eurem Menschsein und in eurer Umgebung. Dann richtet eure Gedanken auf Gott. Dabei empfehle ich, daß ihr die Eigenschaften, die ihr mit Gott in Verbindung bringt, kontempliert und euer Herz und eure Sinne damit füllt. Ladet die göttliche Gegenwart ein, in euer Wesen einzutreten, und seid euch ihrer Macht bewußt, die bereits als die eigentliche Quelle eures Lebens in euch ist.

Wenn ihr nichts weiter tut als dies und euch mit dem Bewußtsein eurer Nähe zum Geliebten füllt, und wenn ihr dieses Bewußtsein als einen leuchtenden Glanz in eure täglichen Angelegenheiten tragen könnt, werdet ihr viel erreichen. Ein weiterer Schritt ist es dann, daß ihr darum bittet, in eurer Vorstellung ein Gefühl dafür zu empfangen, was der Geist Gottes auf der Erde zu verwirklichen sucht. Ihr bittet jedoch nicht um bestimmte Anweisungen. Ihr versucht, euch auf einen Fluß, einen Prozeß, einen Sinn dafür einzustimmen, wie Gott möchte, daß die Welt sich entwickle, und insbesondere die physische Welt, von der ihr ein Teil seid. Ich habe unsere Vision von der Bestimmung der Erde bereits erwähnt: ein Planet, auf dem Synthese gelernt wird. Was bedeutet Synthese in bezug auf die Menschheit? Welche Art von Zivilisation und Kultur könnte sich entwickeln, die diese Bestimmung am besten erfüllt?

Laßt eure Vorstellung offen dafür sein, diese Fragen zu betrachten. Fragt euch aber im Laufe der Zeit: Wie kann ich diese Visionen oder Bilder von der Bestimmung des Planeten, vom Fluß des göttlichen Geistes in der Welt innerhalb meines eigenen Lebens am besten verwirklichen? Welche kleinen und gezielten Schritte könnt ihr unternehmen, die mit diesem Geist und seinen Zielen in Einklang stehen? Nehmt die größere Vision und paßt sie euch so an, wie ihr in eurem Leben zu diesem Zeitpunkt damit umgehen könnt. Seid ein Erretter der Welt in der Qualität eurer Lebensäußerungen, und nicht unbedingt in der Quantität oder Großartigkeit eurer Aktionen.

Was ihr in dieser Meditation anstrebt, ist, euch auf den Geist Gottes und der Erde einzustimmen, und diese Übereinstimmung dann auf die Gegebenheiten eures individuellen Lebens auszurichten. Ihr versucht, euer Leben in seinem planetarischen und geistigen Zusammenhang zu sehen, ganz gleich, wie klein oder unbedeutend euer Verhältnis zu diesem Zusammenhang auch sein mag. Was ihr in dieser Meditation nicht anstrebt, ist, um Anweisungen zu bitten. Stattdessen bittet ihr um eine Perspektive, die euch in eurem unmittelbaren Lebenszusammenhang anerkennt und euch durch diese Anerkennung mit einem umfassenderen Geist verbindet. Ihr übt euch in der Fähigkeit, den Strom des Geistes in der Welt zu spüren. Durch eure Einstimmung, Intelligenz, Weisheit und euren Willen entwickelt ihr die Fähigkeit, zu unterscheiden und angemessene Handlungen zu wählen, die sich diesem Strom anpassen und seine Kraft in die Angelegenheiten eures eigenen Lebens lenken. Dabei mögt ihr im Bewußtsein behalten, daß ihr mehr für die Erde tut, wenn ihr kleine Dinge gut verrichtet und sie mit der Qualität des Geistes erfüllt – ganz gleich, wie weit entfernt von den großen und drängenden Anliegen eurer Welt diese kleinen Dinge zu sein scheinen –, als wenn ihr mit Glanz und Enthusiasmus, aber ohne die notwendigen Fertigkeiten oder ohne sie zu vollenden große Aktionen versucht.

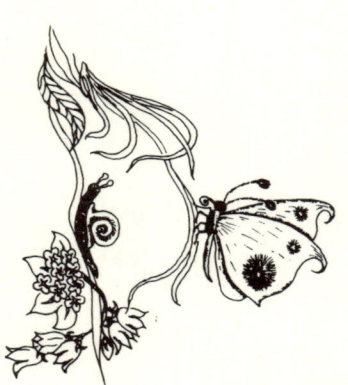

In unserer Welt arbeiten wir ausgewogen und zielgerichtet. Die Rettung eines Planeten kann genauso darin liegen, daß wir eine Blume nähren oder eine Beziehung pflegen, wie im Verhindern eines

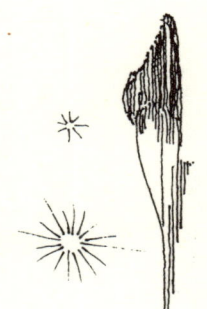

Krieges oder der Neustrukturierung eines Wirtschaftssystems, wenn dies mit der Sorgfalt und Einstimmung geschieht, die den Geist Gottes in die Welt kommen läßt. Das Bewußtsein jedoch, das all diese Dinge in einem Geiste tun kann, der jede Handlung als Kommunion mit Gott und daher als aller Sorgfalt und Achtung würdig betrachtet, ist genau das Bewußtsein, das zu entwickeln wir euch inspirieren möchten.

Für jeden von euch, in welchen Lebensumständen er sich auch immer befinde, besteht die Möglichkeit, durch seine eigene Bereitwilligkeit im Kleinen wie im Großen eine Quelle des Segens und der Kraft für andere, eine Verkörperung der geistigen Welten zu sein. Dann kommen wir wirklich zusammen, und unser beider Welten sind gesegnet.

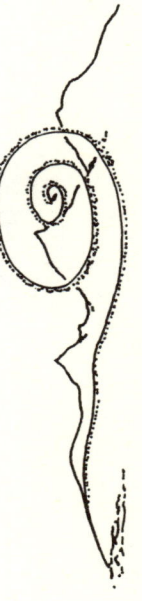

STRATEGIEN DER ZUSAMMENARBEIT

Ihr fragt, welches die Bereiche sind, in denen wir am meisten die Zusammenarbeit mit euch suchen. Welcher Strategie sollt ihr folgen? Wiederum betone ich, daß ihr diese Frage aus menschlicher Perspektive stellt, mit menschlichen Vorstellungen von Prioritäten und Größenunterschieden. Dies ist nicht unsere Sichtweise, womit ich aber nicht sagen will, daß eure falsch ist. Ich will damit nur erklären, warum meine Antwort vielleicht nicht so ausfällt, wie ihr es erwartet.

Seht, für uns sind alle menschlichen Handlungen, welche Qualitäten der Liebe und des Geistes verkörpern, offene Tore für uns und unsere Macht, ganz zu schweigen von der noch wichtigeren Eigenschaft, daß solche Handlungen die Gegenwart des Geliebten anrufen. Die Größenordnung der Handlung ist weniger wichtig für uns. Ein Akt der Synthese zwischen zwei Menschen und die Schaffung einer gesunden Familienbeziehung ist für uns nicht weniger bedeutsam oder wirkungsvoll als ein Akt des Friedens zwischen Nationen. Mir ist klar, daß das für euch vielleicht schwierig zu verstehen ist, aber wir wirken nicht in einem Reich der Quantität. Die Liebe eines Menschen für einen anderen ist für uns gleichwertig mit der Liebe eines Menschen für Tausende, wenn die Qualität dieser Liebe dieselbe ist. Hier liegt jedoch auch der Unterschied, denn gewöhnlich ist es für euch leichter, einen anderen Menschen auf eine ganz bestimmte Art zu lieben, als tausend andere auf abstrakte Weise. In diesem Falle hat jene persönliche Liebe mehr Qualität und Macht als das unpersönliche, abstrakte Gefühl, das für euch nicht dieselbe Genauigkeit und Realität hat.

Wenn ihr uns nach den Bereichen unserer Bemühungen fragt, in denen ihr uns am besten dienen oder mit uns zuammenarbeiten könnt, so müßt ihr wissen, daß ihr keinen einzelnen Bereich, ganz gleich wie groß oder wesentlich er sein mag, als an sich wichtiger betrachten als irgendeinen anderen, wie klein oder gewöhnlich er auch sei. Uns ist nicht daran gelegen, daß ihr euch irgendwelche Dinge zur Aufgabe macht, wenn dadurch die Qualität Schaden leidet, mit der ihr euch um die unmittelbaren Angelegenheiten eures individuellen Lebens kümmert – um eure Arbeit, eure Beziehungen zu Freunden und Familie ebenso wie zu scheinbar Fremden, um eure kreativen Fertigkeiten und so fort.

Was für uns wichtig ist, weil es die Qualität der Energie beeinflußt, die ihr entfaltet, ist das Können und die Geschicklichkeit, die in euren Handlungen zum Ausdruck kommt. Wenn ihr tut, was im Augenblick im Bereich eurer Anlagen und Fähigkeiten liegt, dann werdet ihr eher mit Geschick und Können handeln und Qualität erschaffen. Wenn ihr euch zuviel vornehmt oder zu abstrakt werdet, gehen Können und Qualität verloren.

Zum gegenwärtigen Zeitpunkt in der menschlichen Geschichte versteht ihr es recht gut, als Individuen miteinander in Beziehung zu treten; wo es aber an Können mangelt und deshalb an Qualität, ist im Bereich der Gruppenbeziehungen. Die Entwicklung der Fähigkeit, auf der Ebene von Gruppen und Kollektiven Synthese zum Ausdruck zu bringen, ist daher ein Gebiet, dem wir große Bedeutung beimessen, und wir möchten euch ermutigen, euch um diese Fähigkeit als nützliches Mittel der Zusammenarbeit mit uns zu bemühen.

Insofern, als wir diese kollektive Energie auf planetarischer Ebene schätzen, sind uns auch eure Vereinten Nationen wichtig. Sie haben zwar ihre Fehler, sind aber dennoch ein größeres Zentrum, durch welches die Energie der Menschheit als Ganzes gebündelt werden, und innerhalb dessen die Begegnung mit euch selbst als ganzer Gattung stattfinden kann. Bei all ihren inneren Konflikten sind die Vereinten Nationen eine Quelle wichtigen Dienstes in eurer Welt. Sie sind im Augenblick euer einziger wirklicher Brennpunkt für planetarische Synthese, und ihr könnt sie nicht ohne Schaden ignorieren oder auf sie verzichten. Ihr könnt sie nur durch etwas Besseres ersetzen. Bis dahin bleiben sie eine Sammellinse für viel Energie und Aufmerksamkeit insbesondere aus meiner Welt, und wenn ihr sie darin unterstützt, ihre Arbeit mit mehr Qualität und Wirksamkeit zu tun, bedeutet dies zweifellos, daß ihr mit uns kooperiert.

Wir bemühen uns jedoch auch um die Entwicklung eines Gruppenlebens in weniger zentralisierter Form. Alle Gruppen sind zur Zeit erhöhten Belastungen ausgesetzt, insbesondere jene, die sich selbst als spirituell oder auf die Entstehung eines neuen Zeitalters ausgerichtet verstehen. Die Belastung dient der Stärkung ihrer Fähigkeit, Synthese zu verkörpern. Dies betrifft Führer und Führungsstile, denn die Energie der geistigen Welten kann nicht offenbar werden, wo Menschen als Werkzeug für die Ziele eines oder mehrerer Einzelner benutzt werden, und es betrifft die Beziehungen zwischen Gruppenmitgliedern, wo größere Ehrlichkeit, Klarheit und gegenseitige Bestärkung gefordert werden. Nicht alle Gruppen werden die Beschleunigung überleben. Versteht auch, daß ich mit Gruppen auch solche kollektiven Unternehmungen wie Gemeinden, Nachbarschaften, Dörfer und Städte meine. Wenn ihr mit uns zusammenarbeiten wollt, dann sucht nach Wegen, wie ihr das Gefühl der Verbundenheit und Gemeinschaft in euren Organisationen wieder aufbauen könnt. Ob ihr in den kommenden Tagen einen harmonischen Übergang in eine neue Welt finden werdet, wird von eurer Fähigkeit abhängen, miteinander zu teilen und zusammenzuarbeiten. Eure Leben sind zu beziehungslos, zu abgekapselt. Baut die menschlichen Verbindungen wieder auf, die euch stärken und wachsen lassen können, indem sie euch die Möglichkeit geben, andere zu stärken und wachsen zu lassen.

Wir sind in unserer Welt nicht nur um die Menschheit bemüht, sondern um die Integration und Ganzheit allen Lebens auf der Erde. Deshalb sind uns auch die Naturreiche und deren Wohlergehen wichtig. Ganz besonders erkennen wir, daß ihr euer eigenes Mensch-sein nicht in vollem Maße erfahren werdet, bevor ihr nicht entdeckt, wie ihr diese Reiche ehren und kreativer mit ihnen zusammenarbeiten könnt. Auch behindert es in dieser Zeit der Belebung und Beschleuni-gung des Planeten die tiefere Inkarnation des Göttlichen auf der Erde, wenn Mensch und Natur in Disharmonie sind.

Deshalb arbeitet ihr mit uns zusammen, wenn ihr alle Bemühungen unterstützt, die darauf ausgerichtet sind, eine liebevollere und mehr auf Gegenseitigkeit beruhende Beziehung zur Natur herzustellen. Wir empfehlen nicht eine einfache Rückkehr aufs Land. Es geht vielmehr darum, zu entdecken, wie ihr euer Menschsein und dessen zivilisatori-sche Ausweitungen so zum Ausdruck bringen könnt, daß ihr das Land ehrt und ihm Achtung erweist. Zu diesem Zweck empfehlen wir euch auch, von jenen älteren Kulturen zu lernen, wie zum Beispiel von der Eingeborenenkultur Amerikas, die in einer solchen Beziehung zur Natur lebten. Ihr seid nicht angehalten, diese Kulturen neu erstehen zu lassen, aber zusammen könnt ihr eine neue Kultur ins Leben rufen, die lernen wird, den Geist von Harmonie und Gleichgewicht weiter zu verbreiten, als es irgendeiner Zivilisation bislang möglich gewesen ist.

Es ist unser Interesse, daß jeder Mann und jede Frau als ein wichtiger Teilnehmer am Drama der Evolution erhoben werde. Jeder von euch ist einzigartig und unersetzbar. In jedem von euch wächst der Geist der Synthese, und jeder von euch trägt dazu bei, diesen Geist in der Welt auszudrücken. Aus diesem Grunde arbeitet ihr mit uns zusammen, wann immer ihr irgendeine Aktivität erkennt und unterstützt – sei es im erzieherischen, politischen, wirtschaftlichen oder künstlerischen Bereich –, die die Entwicklung von schöpferischer Individualität fördert und würdigt. Diese Gabe des Selbst in sich oder anderen zu unterdrücken, heißt den Geist zu verleugnen, der nach Inkarnation auf der Erde strebt. Lernt daher, jedem und jeder die Freiheit zu geben, seinen oder ihren einzigartigen Beitrag zum Ganzen zu entdecken.

Dies heißt, daran zu arbeiten, eure Welt von allem zu befreien, was Unterdrückung bedeutet, sei es Angst, Hunger, Vernachlässigung oder Mangel an Liebe und Verbundenheit. Behaltet dabei jedoch im Auge, daß nicht alle Wesen in der selben Umgebung wachsen und gedeihen. Die größeren Formen der Unterdrückung sind nicht immer politische oder wirtschaftliche Systeme als solche, sondern vielmehr eine Haltung der Getrenntheit und ein Versagen darin, zu teilen – Brot miteinander zu brechen, in der allergrundlegendsten Bedeutung dieses Rituals als eines Aktes der gegenseitigen Kräftigung.

Eine machtvolle Verbindung zu eurer Welt finden wir durch Akte des Heilens. Engt diese Akte nicht ein im Sinne einer alleinigen medizinischen Definition, sondern kommt zum Verständnis der vielen Formen, die Heilen haben kann. Es ist ebensosehr eine Haltung der Achtung und Bestärkung wie ein Vorgang zur Beseitigung von Krankheit. Wißt, daß jeder Mensch in diesem Sinne heilende Kräfte hat, und übt sie in der Stille. Jeder von euch kann für einen anderen ein Trost und eine Quelle des Friedens sein durch die einfache Bereitschaft, mitzufühlen und zu lieben. Versteht auch, daß die Gabe des Friedens selbst oft die mächtigste Form der Heilung ist. Die Ursache eines Konfliktes zu heilen, sei es ein Konflikt innerhalb einer Person, zwischen Menschen oder zwischen Nationen, ist in einer Zeit, wo so viele von euch den Ausbruch eines Atomkrieges fürchten, ein dringend nötiger Dienst. Heilen heißt alles entfernen, was das Leben und seine Wachstumsmöglichkeiten bedroht. Heiler sein heißt in all euren Angelegenheiten Frieden stiften, und umgekehrt. Um uns und euch selbst zu helfen, übt euch in dem Geist, der Frieden stiftet und die Wurzeln des Konflikts auf allen Ebenen menschlicher Aktivität heilt.

Ihr arbeitet mit uns zusammen, wenn ihr eure Welt durch die Anmut und Geschicklichkeit eurer Handlungen mit Schönheit und Harmonie erfüllt und den Geist der Kreativität stärkt. Ist dies zu allgemein? Zu abstrakt? Es ist die menschliche Haltung, die das Einfache übersieht und das Glänzende und Machtvolle sucht, die euren Handlungen allzu oft jene Geschicklichkeit und Qualität entzieht und die Tür zu unserer Welt verschließt.

Ich habe einmal gesagt, daß ihr mich nicht braucht, um euch auf die Dinge aufmerksam zu machen, die in eurer Welt zu tun sind. Es gibt Leid in eurer Welt; tut etwas, um es zu mindern. Es gibt Hunger in eurer Welt; seid eine Quelle der Nahrung. Es gibt Armut unter Männern und Frauen; seid ein Quell des Reichtums und des Miteinander-Teilens. Ich habe von einem neuen Geist der Göttlichkeit gesprochen, der in eure Welt eintritt, und von der Belebung und Beschleunigung, die zur Zeit stattfindet. Arbeitet daran, diese Vision zu verstehen. Öffnet eure Augen und euer Bewußtsein, damit ihr versteht, wie ihr überall um euch herum die Welt verwandeln könnt. Eure Kultur ist im Wandel begriffen. Habt keine Angst davor. Vor allem anderen – habt keine Angst und seid auch keine Quelle der Angst für andere, denn Angst ist das größte Hindernis, das uns begegnet, wenn wir unsere Energie mit der Welt teilen wollen. Viele Menschen in eurer Gesellschaft arbeiten an der Form, die diese neue Kultur annehmen könnte, und an Strategien, wie man ihr zur Geburt verhelfen kann. Die Information und die Vision wachsen um euch her; spürt sie auf. Macht eure Hausaufgaben, um kundige Vermittler für die Evolution auf eurem Planeten zu sein. Das können wir euch nicht abnehmen. Keine geistige Macht kann das tun. Das ist eure Rolle, das ist der Grund, weshalb ihr auf der Erde seid. Es ist eure Aufgabe, in den Tiefen eures eigenen Selbst den Geist und die Fähigkeiten der Synthese und der Liebe zu entdecken. Erkennt diesen Geist und erforscht diese Fähigkeiten. Dann können wir helfen. Dann wird eure Welt verwandelt werden.

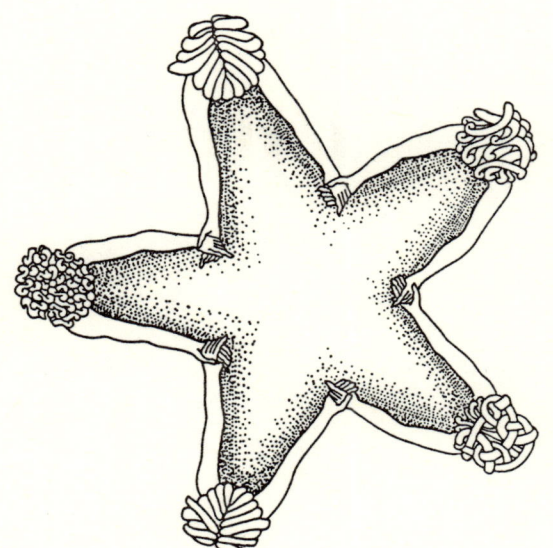

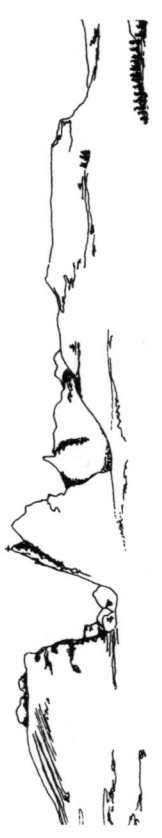

HERAUSFORDERUNGEN UND SCHWIERIGKEITEN BEI DER ZUSAMMENARBEIT

Ihr fragt nach den Schwierigkeiten, die es in unserer Zusammenarbeit geben kann, und wie man ihnen begegnen kann. Ich möchte fünf Schwierigkeiten erwähnen.

Die erste ist, die unsichtbaren Welten mit den geistigen Welten zu verwechseln. Es gibt viele Dimensionen des Lebens, die ihr normalerweise mit euren physischen Sinnen nicht erfassen könnt. Ich habe zum Beispiel von den Welten der formenden Kräfte gesprochen und von den seelischen Bereichen der sogenannten Astral- und niederen Mentalebenen. Nicht alle diese Reiche verfügen über die Weisheit oder das Wissen, um gut und geschickt an der menschlichen Evolution mitarbeiten zu können. Wenn jemand auf übersinnlichem Wege in Berührung mit einer nicht-physischen Wesenheit oder Ebene gekommen ist, bedeutet das nicht unbedingt, daß ein echter Kontakt mit geistigen Reichen hergestellt worden ist.

Die zweite Gefahr ist der Reiz des Glänzenden. Man könnte sagen, daß hier das Unechte an die Stelle des Echten gesetzt wird, eine Vorspiegelung an die Stelle der Substanz. Die Form wird übernommen, der Geist jedoch außer acht gelassen. Der Faszination des Glanzes zu erliegen bedeutet einen Verlust an Perspektive und an

Gleichgewicht. Das Individuum wird durch Trugbilder von Macht und Überlegenheit geblendet, von der Vision, anders und jemand Besonderes zu sein. Das Ich wird aufgebläht, die Entwicklung der Synthese erhält jedoch keine Nahrung. Kontakt mit dem Geist zu suchen, weil das eine glanzvolle Vorstellung zu sein scheint und Einsichten in verborgene Mysterien und geheime Mächte verspricht, heißt die Natur der geistigen Welten und die Verantwortlichkeiten, die sie anbieten, völlig mißzuverstehen. Man kann sich jedoch auch ein glanzvolles Selbstbild daraus machen, ein demütiger Diener des Allerhöchsten zu sein. In beiden Fällen erliegt der Betreffende in Wirklichkeit einer Vorstellung, die seinen eigenen emotionalen und mentalen Bedürfnissen entspringt, und seine Handlungen dienen dem eigenen Ich und nicht wirklich einem größeren Ganzen.

Die dritte Schwierigkeit sind ganz einfach Mißverständnisse bei der Interpretation. Die geistigen Welten sind anders als die eure. Zeit und Raum werden anders erfahren, und die Kommunikation bedient sich oft einer Sprache aus Bildern und Ausstrahlungen, die schwierig direkt in Worte zu übersetzen ist. Die Botschaft oder der Kontakt können also mißverstanden werden. Im Fall von Prophezeiungen geschieht dies oft. Ihr neigt dazu, eine Botschaft in Form von physischen Vorfällen und Ereignissen zu interpretieren, wo diese vielleicht von seelischen und mythischen Veränderungen handelt.

Die vierte Herausforderung ist schwerwiegender. Sie bedeutet den Verlust persönlicher Integration. Ein Mensch kann sich auf eine Quelle seelischer oder gar geistiger Energie einstimmen, die seine Fähigkeit übersteigt, diese Energie in seine Persönlichkeitsstruktur zu integrieren. Das Ergebnis ist ein Verlust des inneren Gleichgewichts und der Perspektive oder sogar eine Auflösung der seelischen Struktur, wodurch sich dann immer mehr unbewußtes Material ins Bewußtsein ergießen kann. Die Folge davon ist ein mentaler oder emotionaler Zusammenbruch, wie ihr es nennen würdet. Wenn Drogen benutzt werden, um Kontakt mit den inneren Welten herzustellen, ist eine solche Entwicklung noch wahrscheinlicher.

Die fünfte Gefahr ist von unserem Standpunkt aus gesehen die schwerwiegendste. Es handelt sich um den Verlust des Willens und der Integrität der Persönlichkeit. Die einfachste Form ist, wenn ein Individuum von der Führung aus nicht-physischen Quellen abhängig wird. Der Betreffende hat vielleicht immer noch den Willen, die ihm zukommende Führung in die Tat umzusetzen, verliert jedoch die Fähigkeit, Dinge selbst zu durchdenken und sachkundige Entscheidungen zu treffen. Die Person kann tatsächlich in den Händen oder unter dem Einfluß einer unsichtbaren Kraft ganz passiv werden, wie es bei den meisten Formen von Medialität der Fall ist. Es hat eine Zeit gegeben, wo ein solcher Ansatz wertvoll war, und selbst jetzt kann er in seltenen Fällen noch angemessen sein; dies ist jedoch nicht die Art und Weise der Zusammenarbeit mit dem Geist, die heute am Entstehen ist, und die vom Individuum, mit dem wir zusammenarbeiten, volle Bewußtheit, Integrität und Willenskraft verlangt. Unter Willenskraft verstehe ich hier natürlich nicht die Starrköpfigkeit, die aus einem unintegrierten Ego entstehen kann, sondern die Fähigkeit, die Energien der eigenen Identität durch moralische Entscheidungen und inneres Verstehen zu lenken.

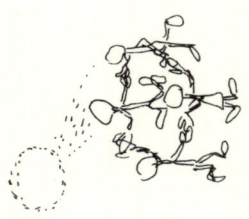

Um diesen Herausforderungen zu begegnen, empfehle ich folgendes. Als erstes ist Unterscheidungskraft wichtig. Meßt keiner Botschaft Bedeutung bei, nur weil sie aus einer nicht-physischen Quelle kommt. Prüft das Leben der menschlichen Persönlichkeit, durch die die Verbindung zustande gekommen ist. Ist es ein ausgewogenes Leben? Stimmt das Verhalten dieses Menschen mit dem Geist, der hinter dieser Verbindung stehen soll, überein? Wir empfehlen kreativen Zweifel; nicht den Zweifel, der ausschließt, daß es Geist überhaupt gibt, sondern den Zweifel, der euch auffordert, zweimal hinzuschauen und eine Botschaft im Lichte eurer eigenen Werte und eurer Integrität zu betrachten, ganz zu schweigen von eurer Intelligenz.

Erinnert euch in dieser Hinsicht an alles, was ich über die geistigen Welten gesagt habe. Sie sind sowohl eine Ebene des Bewußtseins, als auch, und das ist äußerst wichtig, eine Funktion der Beziehung, eine die stärkt, Klärung bringt, befreit und segnet. Diese Art von Beziehung ist nicht alleiniges Eigentum der unsichtbaren Welten. Ihr könnt sie ebenso vollständig zum Ausdruck bringen wie ich.

Es gibt geistige Projekte innerhalb der seelischen Reiche wie auch in den geistigen Welten, für die menschliche Mitarbeit von Nutzen sein kann, und es gibt Wesen, die eine solche Zusammenarbeit suchen. Ein Mensch, der Teil eines solchen Unternehmens wird, kann wohl bestimmte Anweisungen empfangen. Vergeßt jedoch nicht, daß die wertvollste Gabe, die ihr habt, eure Intelligenz und euer freier Wille ist – eure Fähigkeit, selbst zu denken, euch selbst treu zu sein und als einzigartiger Ausdruck der Göttlichkeit zu wachsen. Kein Wesen auf irgendeiner Ebene, das wirklich für den Geist arbeitet, wird versuchen, euch dieser Gaben zu berauben. Unsere Verantwortung besteht darin, den rechten Gebrauch des Willens auf allen Ebenen zu unterstützen. Aus diesem Grunde mögt ihr jeder Person und jeder Macht, auf welcher Ebene auch immer, wohl mißtrauen, die von euch die Aufgabe eures inneren Willens verlangt. Ihr könnt ihn als einen Akt der engen Verbindung mit anderen freiwillig hingeben, aber das kann von euch nicht erzwungen werden, ohne daß dabei Gottes eigene Absicht für das Wachstum eures Wesens verletzt wird. Leider gibt es in den unsichtbaren Welten, besonders in denen, die ich die seelischen Reiche nenne, Wesen, die die Entsprechung zu euren Wichtigtuern sind, in denen noch die Leidenschaft brennt, Pläne zu schmieden und anderen zu sagen, was sie tun sollen. Seid gewarnt. Jegliche Führung sollte euch in eurer Fähigkeit stärken, mit Weisheit zu handeln, ohne das Bedürfnis nach ständiger Führung, und euch nicht im Namen eines heiligen Planes in größere Abhängigkeit stürzen.

Haltet euer Menschsein und seine Talente in Ehren. Ihr seid nicht weniger geistig oder wertvoll, weil ihr zufällig einen physischen Körper habt, noch sind wir automatisch besser, weil wir keinen haben. Entwickelt eure eigenen schöpferischen Anlagen und Fähigkeiten; entwickelt euren freudigen und wachsenden Geist. Erfreut euch an eurer Fähigkeit zur Vervollkommnung. Macht die Verbindung mit geistigen Reichen niemals zu eurem Lebenszweck noch zur einzigen Fähigkeit, die ihr euer eigen nennen könnt. Ihr seid menschliche Wesen, Verkörperungen des Göttlichen, erschaffen nach dem schöpferischen Bilde Gottes und fähig, zu lieben und der Macht des vereinigenden und aufbauenden Geistes Ausdruck und Leben zu verleihen. Handelt in diesem Sinne und werdet der Geistigkeit eurer irdischen Natur gerecht, ebenso wie der eurer einzigartigen Inkarnation. Dann werdet ihr eine innere Gelassenheit und Kraft entwickeln, die sich nicht täuschen läßt. Dann habt ihr als Person eine Ganzheit verwirklicht, die nach unserer Ganzheit ausruft und unsere Verbindung und Zusammenarbeit unvermeidlich und harmonisch macht.

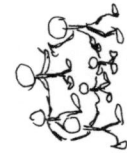

Zusammenarbeit ist ein gemeinschaftlicher Akt. Er erfordert mehr als eine Person. Wenn ihr Zusammenarbeit mit uns sucht, so sucht sie um so mehr mit anderen Menschen. Wenn ihr andere habt, mit denen ihr euch austauschen könnt, und deren Sichtweise und Einsichten ihr schätzt, kann euch das in der Arbeit mit den geistigen Reichen außerdem helfen, den Reiz des Glanzes und Verwirrung zu vermeiden und ehrlich menschlich zu bleiben.

Schließlich vergeßt in eurem Streben nach den geistigen Welten nicht, daß das, was ihr in Wirklichkeit sucht, eure Einheit mit Gott ist. Wir sind kein Ersatz für die Göttlichkeit. Wir sind, wenn ihr so wollt, Mitarbeiter im Bemühen um die Evolution der Erde; wir möchten Freunde sein. Die Verbindung mit uns ist jedoch weniger als sie sein könnte, wenn sie an die Stelle eines geistigen Weges zu Gott, dem Geliebten, tritt. Stellt Gott an erste Stelle, dann können wir uns im beiderseitigen Umfangen ihres Geistes begegnen.

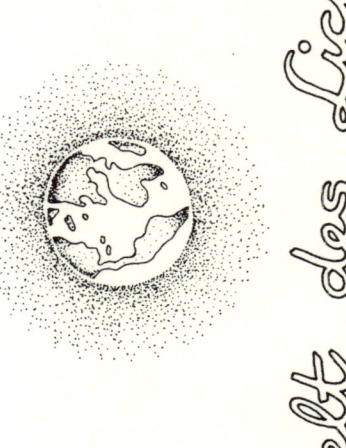

Welt des Lichts

Verein zur Förderung geistiger und ganzheitlicher Lebensweise
Welt des Lichts e.V. Greuth Hof D 8966 Kimratshofen 08373-8369

Welt des Lichts e. V. ist nicht nur ein Verein, sondern ein lebendiger Prozeß, eine Lebensweise – eine Idee, die dazu beiträgt, uns zu verändern. Welt des Lichts e. V. wurde geschaffen für all diejenigen, die nach dem Licht streben, zur Einheit allen Seins – nach einem Leben in Einklang mit der Natur und den Gesetzen des Kosmos – offen für alle Glaubensrichtungen und Religionen.

Wir fördern die Synthese all der verschiedenen Strömungen und Gruppen, die als Ziel haben das Erkennen und Leben der Einheit, aus der wir geschaffen wurden und zu der wir zurückkehren, und wir unterstützen das Zusammenwirken dieser verschiedenen Richtungen. All diesen Gruppen und Menschen, die im weltweiten ‚Netzwerk des Lichts‘ zusammenfinden, fühlen wir uns eng verbunden.

Das innere Licht jedes Einzelnen spiegelt sich in seiner Umgebung wider, und so suchen wir Glück und Freude vor allen Dingen in uns selbst. Gegenseitig wollen wir uns darin unterstützen, unseren eigenen Weg zu Gott zu erkennen und entwickeln zu lernen. Wir betrachten es als unsere wichtigste Aufgabe, gemeinsam dem göttlichen Plan zu dienen.

Um ein harmonisches und ganzheitliches Leben zu führen, ist die Einbeziehung von Körper, Seele, Gefühl und Geist gleichermaßen wichtig, denn hierdurch entsteht eine ganzheitliche Lebensweise. Wir erfahren inneres Glück durch Meditation, in Selbst-Disziplin, durch Liebe zur Arbeit, indem wir unseren Mitmenschen offenen Herzens begegnen, sie lieben und respektieren lernen, durch Danksagung – durch Spiritualität als lebendigen Teil unseres täglichen Lebens.

Das Leben ist die Schule, in der wir lernen, uns durch unsere Arbeit und die Beziehungen zueinander auf den kosmischen Plan einzustimmen. Dadurch tragen wir dazu bei, das Bewußtsein der Einheit zu wecken und zu vertiefen und wirken mit am Aufbau der künftigen Welt.

Die Liebe zu Gott und seiner Schöpfung soll an erster Stelle in unserem Leben stehen. Gott ist Liebe, und die Schöpfung, das heißt jede Wesenheit, jedes Ding ist Ausdruck und Offenbarung dieser Liebe. In dieser Liebe ist sich alles gleich – es gibt keine Unterschiede, keine Wertungen. Wir wollen bewußt danach streben, ein vollkommener Ausdruck dieser göttlichen Liebe zu sein, ein Werkzeug, durch das Seine Energie ungehindert fließen kann.

Gott an erste Stelle im Leben zu setzen, heißt nicht, dem Leben zu entsagen, sondern vielmehr uns für das Leben zu öffnen und jede Handlung mit unserer ganzen Liebe und Hingabe zu vollbringen – getragen von dem Gedanken, nicht nur für unser begrenztes Ich zu wirken, sondern als Verkörperung des göttlichen Willens.

Alle Aspekte von Religion, von Freude, Vertrauen, geistige und natürliche Heilmethoden, Gesang und Tanz sind ebenso wichtige Bestandteile zur Verwirklichung einer harmonischen Lebensweise wie die Wiederverwertung von Abfall, biologischer Land- und Gartenbau, biologischer Hausbau, gesunde Ernährung und ein bewußtes Verständnis im Umgang mit uns selbst und unserer Umwelt.

Welt des Lichts e. V. hat es sich zur Aufgabe gemacht, dazu beizutragen, dieses Verständnis unseres Selbst und unserer Umwelt zu wecken und zu vertiefen. Wir wollen deshalb Modellgemeinschaften im In- und Ausland fördern, deren Mitglieder sich zum Ziel setzen, ihre Suche nach Gott auch in ihrem all-täglichen Leben zu verwirklichen und IHM in ihren Mitmenschen und in ihrer Umwelt dienen wollen. Diese Gemeinschaften werden die Basis für Öffentlichkeitsarbeit in Form von Kursen und Erfahrungszeiten bieten, die den Teilnehmern Gelegenheit geben, dieses Verständnis zu erlangen und zu erleben. Wir sehen die angebotenen Kurse und Erfahrungswochen nicht nur als eine Vermittlung von Wissen, sondern als eine Möglichkeit, dieses Wissen praktisch umzusetzen. Wichtig ist uns hierbei vor allem der gegenseitige Austausch; das Miteinander Leben und Voneinander Lernen zu einer lebendigen Erfahrung werden zu lassen, in der täglichen gemeinsamen Meditation und in gemeinsamer Arbeit.

Der Greuth Hof ist das erste Projekt von Welt des Lichts e. V., in dem dieser Prozeß innerhalb einer Lebensgemeinschaft stattfindet. Im Hinblick auf Ausdehnung und Erweiterung sollen weitere Projekte folgen, doch zunächst einmal der Greuth Hof weiter ausgebaut werden als Stätte der Begegnung und Zentrum für ganzheitliche Lebenserfahrung, als ein Ort, wo Menschen mit der licht- und liebevollen geistigen Welt zusammenarbeiten, kurz als Lichtzentrum.

BESUCHER

Alle Besucher, die sich über unsere Arbeit informieren wollen, bitten wir, sich in jedem Fall vorher anzumelden und ihr Kommen mit uns abzusprechen. An Interessenten verschicken wir gerne das laufende Greuth Hof Programm, sowie weitere Informationen über Aktivitäten des Vereins. Welt des Lichts e. V. ist als gemeinnützig und besonders förderungswürdig anerkannt.

,Strebt zuerst nach dem Reich Gottes,
und alles andere wird Euch zuteil werden.'

Greuth Hof

Begegnungsstätte
8966 Kimratshofen Tel. 08373-8369

PLANETARY CITIZENS

Durch die Botschaft dieses Buches entstand der Wunsch, auch den äußeren Kontakt der Gruppen und Menschen zu fördern, die sich durch das weltweite Netzwerk des Lichtes verbunden fühlen.

Die PLANETARY CITIZENS GRUPPE HANNOVER will diesen Informationsdienst gerne übernehmen. Alle Menschen, die sich über die verschiedenen spirituellen Zentren, Gruppen und Initiativen informieren wollen oder ihren Beitrag an der Miterschaffung eines Neuen Zeitalters weitergeben möchten, können sich an die untenstehende Adresse wenden.

Planetary Citizens versteht sich als Brücke, über die weltweit viele Menschen und Gruppen ihre Verbundenheit innerhalb der Menschheitsfamilie zum Ausdruck bringen.

Aus der Planetary-Citizens-Bewegung und ca. 70 anderen New-Age-Gruppen bildete sich 1982 die ‚Planetare Initiative für die Welt unserer Wahl'. Das seitdem wachsende Netzwerk verbindet spirituelle, ökologische, in der Friedensarbeit tätige Gruppen und viele einzelne Menschen, die am Aufbau einer neuen Welt mitarbeiten. In einer positiven Sichtweise entwickelt sich das Bewußtsein

EINER MENSCHHEIT

AUF EINER ERDE

MIT EINER BESTIMMUNG.

PLANETARY CITIZENS GRUPPE HANNOVER
c/o Peter und Renate Badzinski
Mohnweg 30
3012 Langenhagen 7   Tel. 0511/782297

WEITERE BÜCHER IM GREUTH HOF VERLAG

KIRTAN – GESÄNGE VON LOB UND FREUDE
72 Seiten, handgeschrieben und illustriert, DM 9,40

Eine Sammlung traditioneller indischer Kirtana (Noten und Texte zum Nachsingen und -spielen), sowie einige englischsprachige Chants (Gebetslieder). Kirtan ist die Sanskrit-Bezeichnung für einfache, sich ständig wiederholende Gesänge, die Gott in seinen verschiedenen Aspekten anrufen. Hingebungsvolles Singen von Kirtana trägt dazu bei, die inneren Zentren zu öffnen und unsere Energie fließen zu lassen.

Das Buch ist mit liebevollen Zeichnungen versehen.

Aus dem Inhalt:

Sita Ram; Gopala; Radhe Bolo, Sri Ram Jai Ram; We all come from God; Hare Krishna; Sing My Heart Sing und viele mehr.

David Sprangler

NEW AGE – DIE GEBURT EINES NEUEN ZEITALTERS
(Neuauflage der vergriffenen Originalausgabe)
235 Seiten, DM 21,–

Ein neues Zeitalter der Menschheitsgeschichte kündigt sich an – unsere nächste Evolutionsstufe, in der nicht mehr der Intellekt, die Gefühle und die materiellen Bedürfnisse, sondern die Seele des Menschen sein individuelles und kollektives Leben bestimmen wird.

Mitten in den alten, erstarrten Strukturen wächst schon das Neue Zeitalter heran, und es entstehen Zentren, Städte und Gemeinschaften, in denen das Neue bereits gelebt wird. Eines dieser Lichtzentren ist Findhorn, wo auch dieses Buch entstand. Es gilt als das Buch Findhorns, das seine Botschaft am klarsten vermittelt.

Aber diese Botschaft geht weit über Findhorn hinaus und spricht zu allen Menschen dieser Erde, die sich – wo immer sie sind – dem Neuen anschließen und es durch ihr Leben mit aufbauen wollen.

Ein FINDHORN-Buch

Eileen Caddy, SPUREN AUF DEM WEG ZUM LICHT

(engl. Originaltitel: „Footprints on the Path")

1. Auflage 1983, 2. Auflage 1984, 188 S., DM 20,–

„Ich schaute einen Pfad mit Fußspuren und hörte die Worte: ‚Folge mir nach.'"

Eileen Caddy, Mitbegründerin der Findhorn-Gemeinschaft, lauschte viele Jahre hindurch auf die Stimme Gottes im Inneren, die sie führte, belehrte und in schwierigen Zeiten ermutigte. Die Botschaften, die sie täglich erhielt, offenbarten ihr den göttlichen Plan für ihr Leben.

Das Buch enthält eine Auswahl der inspirierenden Weisungen und bietet dem Leser nichts weniger als eine Art zu leben an, die bedeutungs- und sinnvoller ist und voller Friede und unzerstörbarer Freude. Die Botschaften sind eine Art Spiegel, in dem wir uns selbst erkennen. Liest man die Weisungen als Einstimmung zur eigenen Meditation, helfen sie dem Suchenden, seinen eigenen Weg zu finden, Gott im Inneren zu erkennen.

Mit anderen Worten: Die Botschaften können wahrhaft Spuren auf dem Weg sein, die uns zum Zweck und Ziel unseres Lebens führen.

NEUERSCHEINUNG 1985   Ein FINDHORN-Buch

Eileen Caddy, MORGENRÖTE DER VERÄNDERUNG

(engl. Originaltitel: „Dawn of Change")

210 Seiten

Im Sommer 1985 wird dieses beliebte Buch als weiterführender Meditationsband zu „Spuren auf dem Weg zum Licht" erscheinen. Es enthält die neueste Textauswahl der göttlichen Führungen, die Eileen Caddy empfing. Sie sind gleichzeitig Botschaften der Liebe und Aufrufe an unsere Bereitschaft, uns selbst der Umwandlung zu unterziehen, denn „Fluß bedeutet Leben".

Liebe, Vertrauen und Stärke sind Eigenschaften, die jeder von uns in sich trägt und die nur darauf warten, geweckt und entfaltet zu werden.

Die „stille Stimme" spricht zu all jenen, die sich Zeit nehmen, zu hören und der göttlichen Stimme in sich selbst zu lauschen – sie spendet Kraft und Trost und hilft, unser Wesen zu transformieren.

Aus dem Inhalt:

Das Geheimnis des inneren Friedens; Kreative menschliche Beziehungen; Ja, das Leben hat einen Sinn; Du kannst in Deiner Arbeit Freude finden; Einheit allen Lebens; Du kannst ein anderer Mensch sein – jetzt gleich.

NEUERSCHEINUNG 1985/86   Ein neues FINDHORN-Buch
DIE FINDHORN-ERFAHRUNG von Harley Miller

Harley ist seit 7 Jahren Mitglied der Findhorn-Familie in Schottland und Mitbegründer des Newbold-House. In dieser persönlichen Erzählung teilt er mit uns die vielfältigen Erfahrungen seiner Findhornjahre.

„Nun, 7 Jahre später, verstehe ich ein wenig besser, wie Menschen hier zusammenkommen, wie sich Lebenswege und geistige Pfade im Schmelztiegel einer spirituellen Gemeinschaft vereinigen und dann wieder hinausgegossen werden in die Welt, als ein Bewußtsein, das viele Tausende von Menschen dazu bringt, neue und liebevollere Wege zueinander zu finden. Ich habe gelernt, die Findhorn-Gemeinschaft und jeden hier zu lieben, obwohl ich die Form des Lebens hier manchmal als äußerst frustrierend empfand. Dann wurde mir immer wieder gezeigt, daß ich das Leben hier zu kompliziert gemacht hatte. Bald würde ich wieder sehen, daß die wirkliche Realität im Regenbogen existierte, der sich über die Weite der Findhorn-Bucht spannt, oder in der Unterstützung und Sanftheit eines Mitglieds der Gemeinschaft für ein anderes gefunden werden konnte, oder im Reinigen der Toiletten oder im Entwerfen eines Gästeprogramms oder in der tiefen Stille einer Gemeinschaftsmeditation in der Universal Hall."

NEUERSCHEINUNG 1986
Sara Marriott, AUS DER TIEFE DER MITTE
(engl. Originaltitel: „From The Center")

„Unsere Leben überleuchtend gibt es eine Essenz der Schönheit und des Wunders, die sich oft auf eine für unsere aktive Gedankenwelt unbekannte Weise ausdrückt. Es ist eine Qualität, die in allen Menschen vorhanden ist, wie versteckt sie auch immer sein mag. Ich habe gewagt auf den Impuls dieser Essenz zu horchen und einem langen dunklen Tunnel zu folgen, auf den entfernten Funken des Lichtes zu, der im Zentrum meines eigenen Bewußtseins wohnt."

Sara Marriott hat gelernt, der Führung dieser ‚Essenz' zuzuhören und zu folgen. Das Ergebnis war für sie oft erstaunlich, manchmal beängstigend, hat aber immer zu einem tieferen, positiveren Verständnis ihres Lebenszieles und -auftrags geführt. Ihre Geschichte ist inspirierend und bezeugt die Kraft und die Göttlichkeit in jedem einzelnen von uns.

Sara, die ‚weise' Frau in Findhorn, ist mit ihrem ‚Heilungstempel' für viele eine aufrichtende Hilfe geworden. Ungeachtet ihres hohen Alters – sie geht auf die 90 zu – versprüht sie immerwährend aufbauende Kraft und strahlende Liebe.

KIRTAN-KASSETTEN vom GREUTH HOF

Während der alljährlichen traditionellen Meditations- und Schweigewoche auf dem Greuth Hof wurden im Herbst 1984 Tonbandaufnahmen beim Kirtan-Singen gemacht. Die daraus entstandenen Kassetten geben die energievollen Schwingungen der freudvollen Loblieder Gottes sehr gut wieder.

Beide Kassetten auf CrO₂ mit jeweils 90 Minuten Spieldauer

Greuth Hof Kirtan I und II je DM 20,–, zusammen DM 36,–.

Im Greuth Hof Vertrieb:
ANGEL-CARDS – ENGELKARTEN   DM 20,–

Diese kleinen Engel-Meditationskarten wurden in Findhorn entwickelt – zur Erforschung und Transformation des Bewußtseins.

Engel geben uns die Möglichkeit, einer reinen Schwingung zu begegnen, die freudig und weise mit dem Lichte Gottes arbeitet. Die Partnerschaft mit den Engeln führt zur bewußten Kommunikation mit unseren Seelenqualitäten.

Jedes Engel-Set enthält eine ausführliche Anleitung, wie die Karten in der Meditation, zur Stärkung und Verinnerlichung im täglichen Leben benutzt werden können, zusammen mit einer Übersetzung der englischen Originalbegriffe. „Eine himmlische Kleinigkeit."

Des weiteren haben wir in unserem Programm Musik- und andere Kassetten aus FINDHORN, unter anderem

BEDINGUNGSLOS LIEBEN, Meditationskassette von Eileen Caddy in deutscher Sprache   DM 19,–

Gerne versenden wir auf Anforderung unseren neuesten Verlagsprospekt.